★ 适合8至9岁 ★

多彩童年

DUOCAI TONGNIAN

主编 崔峦

编 委 会

主　　编 崔　峦

编　　委

刘　珂　马学军　刘冰冰　宋道晔　江锡琴
王在英　安　永　万　静　李凤君　孙传文
王传贤　黄学慧

编写人员

江锡琴　贾宏宇　孙宝琴　黄更祥　谢小妮
刘冰冰　刘　欣　张胜强

广泛阅读，可以提高阅读理解力；

广泛阅读，可以丰富知识，开阔视野；

广泛阅读，可以提升思维力、鉴赏力；

广泛阅读，可以促进人的精神成长。

新编的读本，包括古诗文经典诵读、优秀作品专题阅读和整本书阅读，是落实课内外阅读一体化的优质资源。

捧起这套读本读起来，你会越来越享受阅读，你的一生一定会因为阅读而精彩！

崔峦

用阅读涵养你的心灵，
让你变得聪明善良，胸怀宽广，更富想象力和创造力。

[illegible]

发现美，学会爱，表达自己，
在阅读和写作中不断进步！

王一梅

阅读是开启美
好人生的钥匙

赵丽宏
庚子九月

为自己读书
为美好读书

肖复兴
庚子岁末

读经典的书
做优秀的人

[illegible]

幻想，从现实起飞

刘兴诗

目录

经典诵读

专题阅读一

范文阅读

组文阅读

自由阅读

专题阅读二

范文阅读

组文阅读

自由阅读

整本书阅读

经典诵读

古诗文是我国历史长河中一颗璀璨的明珠，彰显了中华优秀传统文化的博大精深、源远流长。

诵读古诗文，感受抑扬顿挫的韵律；通过注释和译文，品味古诗文语言的凝练；联系生活实际，体会经典古诗文蕴含的智慧。

扫码收听朗诵音频

1 齐安郡[1]后池绝句

［唐］杜牧

菱[2]透浮萍[3]绿锦池，
夏莺千啭[4]弄蔷薇[5]。
尽日[6]无人看微雨，
鸳鸯相对浴红衣。

注 释

① 齐安郡：唐天宝时改黄州为齐安郡。

② 菱：一年生水生草本植物，叶子略呈三角形，叶柄有气囊，夏天开花，白色。

③ 浮萍：浮生在水面上的一种草本植物。

④ 啭：指鸟婉转地鸣叫。

⑤ 蔷薇：花木名。品类繁多，花色不一，有单瓣重瓣，开时连春接夏，有芳香，果实可入药。

⑥ 尽日：犹终日，整天。

译文

翠菱掩露青萍绿透一池锦水，夏莺歌喉婉转嬉弄蔷薇花枝。整日无人来观赏这细雨景色，只有鸳鸯相对洗浴红色羽衣。

扫码收听朗诵音频

② 初　夏

［宋］陆游

纷纷红紫①已成尘，

布谷声中夏令②新。

夹路桑麻行不尽，

始知身是太平人。

注释

① 红紫：这里指春天开放的花。
② 夏令：夏季。

春天开的那些花都已凋零化作尘埃了，在布谷鸟的声声啼叫中，夏天到来了。道路两边种有桑麻一直绵延不尽，才知道我原来是在太平之世。

扫码收听朗诵音频

3 初秋行圃(pǔ)[①]

［宋］杨万里

落日无情最有情，

遍催万树暮蝉鸣。

听来咫尺[②]无寻处，

寻到旁边却不声[③]。

注释

① 行圃：指在园子里散步。
② 咫尺：形容距离很近。
③ 不声：指叫声停止。

落日看起来好像无情却最有情，催促千树万树上的蝉在傍晚时一齐鸣唱。听着声音近在咫尺，却无法找到它们，一旦寻到它们的近旁，却又没有了声响。

扫码收听朗诵音频

④ 湖 上

[宋] 徐元杰

花开红树①乱莺啼②，

草长平湖③白鹭飞。

风日晴和人意好，

夕阳箫鼓④几船归。

注释

① 红树：开满了红花的树。
② 乱莺啼：形容很多黄莺在鸣叫。
③ 平湖：指风平浪静的湖面。
④ 箫鼓：吹箫击鼓，指代音乐。

开满红花的树上，一群黄莺在鸣叫，波平如镜的湖面四周，生长着茂盛的青草，一只只白鹭在湖面上自由飞翔。天气晴朗，阳光明媚，游人心情舒畅，在日落时，船只伴随着箫鼓声归来。

扫码收听朗诵音频

⑤ 幼学琼林（节选）

［明］程登吉

麟（lín）[①]为毛虫[②]之长，虎乃兽中之王。麟凤龟龙，谓之四灵[③]；犬豕（shǐ）与鸡，谓之三物[④]。

鸿雁哀鸣[⑤]，比小民之失所；狡兔三窟[⑥]，诮（qiào）贪人之巧营。

注释

① 麟：麒麟，传说中的动物，雄为麒，雌为麟。

② 毛虫：长毛的动物。

③ 四灵：古人认为有灵性的四种神兽——麒麟、凤凰、乌龟和龙。

④ 三物：古人结盟、立誓时，把动物的血滴入酒中，饮酒盟誓，君王用猪血，大臣用狗血，百姓用鸡血。

⑤ 鸿雁哀鸣：出自《诗经·小雅·鸿雁》，原句为“鸿雁于飞，哀鸣嗷嗷”。后来比喻流离失所的灾民生活凄惨。

⑥ 狡兔三窟：狡猾的兔子准备好几个藏身的窝。比喻隐蔽的地方或方法多。

译文

麒麟是毛虫之长，老虎是万兽之王。麒麟、凤凰、乌龟和龙合称为四灵；狗、猪和鸡是古人歃血为盟时所用之物，所以合称为三物。

鸿雁哀叫，是悲伤灾民流离失所无处安身；狡猾奸诈的兔子有好几个巢穴，好比贪心的人巧于钻营，善于为自己图谋利益。

扫码收听朗诵音频

6 增广贤文（节选）

深山毕竟藏猛虎，大海终须纳[1]细流。

龙游浅水遭虾戏[2]，虎落平阳[3]被犬欺。

螳螂捕蝉，岂知黄雀在后。

未晚先投宿，鸡鸣早看天。

注 释

① 纳：吸入。
② 戏：戏弄。
③ 平阳：平原。

深山肯定是老虎藏身的地方，大海宽广浩瀚终究是汇集无数小支流的地方。

海中巨龙游到浅水滩的地方竟会遭到小虾的戏弄，猛虎到了平原上却受到狗的欺负。

螳螂只顾着捕捉前面的蝉，哪里知道黄雀正在后面等着吃它。

天没黑就应找旅店投宿，天明鸡叫了就要抓紧时间赶路。

大自然的生灵

春天燕子归来，盛夏百虫齐鸣。大自然中，处处都有可爱的生灵。走进专题阅读，你会认识更多有趣的小生命，发现它们可爱的小秘密……

边读边想象画面，同时把文中优美生动的语句找出来，感受一下作者细致生动的描写。尝试像作者一样细心观察一种事物，并把观察到的事物写清楚。

范文阅读

① 春　兴[1]

［唐］武元衡

杨柳阴阴细雨晴，
残花落尽见流莺[2]。
春风一夜吹乡梦[3]，
又逐春风到洛城[4]。

春意渐浓，杨柳依依，细雨飘飘，黄莺鸣啼。展开想象，体会诗人深切的思乡之情。

注释

① 春兴：指因春天的景物而触发的感情。
② 流莺：即黄莺。
③ 乡梦：思乡之梦。
④ 洛城：洛阳。诗人武元衡的家乡在洛阳附近。

细雨初晴的春日，被雨洗过的柳树苍翠欲滴，枝头的残花已经落尽，露出了树上啼鸣的黄莺。一夜春风吹起了我的思乡梦，在梦中，我追逐着春风，竟然回到了洛阳。

② 惠崇春江晚景（其二）

［宋］苏轼

诗句运用比喻的手法，将依依不舍的几只归雁比作了“北归人”。

两两归鸿[①]欲破群[②]，
依依还似北归人。
遥知朔(shuò)漠[③]多风雪，
更待江南半月春。

注释

① 归鸿：归雁。
② 破群：离开飞行队伍。
③ 朔漠：北方沙漠地区。

译文

北飞的大雁就像那向北归去的人一般，依依不舍，差一点掉队离群。它们远隔千里就已经知道北方的沙漠多风雪了，还是再在江南度过半个月的时光吧。

③ 夏　意

［宋］苏舜钦

别院[①]深深夏席清，
石榴开遍透帘[②]明。
树阴满地日当午[③]，
梦觉[④]流莺时一声。

全诗围绕午睡写，但又不直接写午睡，而午睡已包含在其中；写炎热盛夏，却句句透出清凉静谧、清幽朦胧的气氛。

注释

① 别院：正宅之外的宅院。
② 透帘：透过帘幕。
③ 当午：正午。
④ 梦觉：从睡梦中醒来。

译文

小院幽深，我躺在竹席上，浑身清凉，石榴花开繁盛，火红的颜色透过帘幕，使屋里明亮。树荫满地，正是中午时分；梦中醒来，只听得黄莺不时传来几声啼鸣。

④ 海燕（节选）

郑振铎

这绝美的海天，让你想到怎样的画面？画一画你喜欢的语句，多读几遍。

海水是皎(jiǎo)洁无比的蔚蓝色，海波平稳得如春晨的西湖一样，偶有微风，只吹起了绝细绝细的千万个粼粼的小皱纹，这更使照晒于初夏之太阳光之下的、金光灿烂的水面显得温秀可喜。我没有见过那么美的海！天上也是皎洁无比的蔚蓝色，只有几片薄纱似的轻云，平贴于空中，就如一个女郎，穿了绝美的蓝色夏衣，而颈间却围绕了一段绝细绝轻的白纱巾。我没有见过那么美的天空！我们倚在青色的船栏上，默默地望着这绝美的海天；我们一点儿杂念也没有，我们是被沉醉了，我们是被带入晶天中了。

就在这时，我们的小燕子，两只，三只，四只，在海上出现了。它们仍是俊逸地从容地在海面上斜掠着，如在小湖面上一样；海水被它的似剪的尾与翼尖一打，也仍是连漾了好几圈圆晕。小小的燕子，浩莽的大海，飞着飞着，不会觉得倦吗？不会遇着暴风疾雨吗？我们真替它们担心呢！

文中的小燕子让你想到了怎样的画面呢？你又体会到作者怎样的情感呢？

小燕子却从容地憩(qì)着了。它们展开了双翼，身子一落，落在海面上了，双翼如浮圈似的支持着体重，活是一只乌黑的小水禽，在随波上下地浮着，又安闲，又舒适。海是它们那么安好的家，我们真是想不到。

⑤ 春燕归来

厉彦林

这里运用拟人手法，描写了小燕子的外形和动作。文中还有许多生动优美的语句，找一找，边读边想象画面。

春天迈着灵巧蹒跚的步子来了，那一群群身着(zhuó)燕尾服的燕子，也潇(xiāo)洒地从南方回家了。

春天是农家最繁忙的时节，庄稼人天不亮就下地，耕田、播种、除草，如果遇上旱天更是累上加累，没日没夜地辛勤劳作着。这个时候，到山村看看，你会发现一个奇特的现象：许多农户家的大门紧锁着，而堂屋的门却大敞(chǎng)着。原来，主人担心妨碍燕子出出进进，下地劳动时干脆把堂屋的门开着。谁家住着燕子，谁家能把堂屋的门开着，谁家就住着福气和吉祥，就守候着丰收和喜庆的消息。

春天，燕子们争相展示优美的舞姿，

感受着春光的爱抚和生活的乐趣。它们与人和睦(mù)相处，捕食昆虫，保护农作物，守候农家的收成。秋天来了，它们又要带领子女跋山涉水、长途旅行，抵抗暴风雨的淫(yín)威和烈日的曝(pù)晒，甚至耗尽生命。因而它们更懂得珍惜生活，一旦安顿下来，总是恩爱和睦，小燕子享受着长辈无限的疼爱。燕子从南方回来不久，小燕子就降生了。这时的老燕子异常勤快，忙着捉来各种活蹦乱跳的小虫子。老燕子刚飞进屋，那小燕子就张开黄黄的小嘴，喳喳地叫喊争抢。小燕子吃饱了就开始撒娇，头在老燕子身上拱来拱去，然后安静地睡觉。

作者把小燕子吃食前后的情景描写得非常细致、生动，读一读，再抄写下来。

小燕子渐渐长大了，应当学飞了。记得有一只小燕子胆子特别小，别的兄弟姐妹都会外出觅食了，而它仍然胆怯(qiè)地叫着，扑棱(pū lēng)着翅膀就是不敢从巢里往外飞。燕子妈妈急了，一翅膀把它打出了燕巢。谁料这只小燕子忽忽悠悠地飞这里写出了小燕子的惊恐和老燕子的着急。

了几下，掉在了我家堂屋的地上。这时小燕子急了，咧着嘴大声惊叫着，恳求妈妈解救。老燕子担心孩子受到意外伤害，惊恐万状，那叫声近乎凄惨和绝望，它一边在屋里七上八下地翻飞着、示范着，一边急切地催促着、鼓励着，竟几次想把小燕子叼起来。小燕子急中生智，扑棱了几下翅膀，歪歪扭扭地飞到了院子里，落到树上。小燕子没有责怪妈妈，反而兴高采烈地唱着、跳着，那分明在说：感谢妈妈的“无情”，才让自己长大，学会了飞翔。老燕子见小燕子有惊无险，欣慰中又透出一分难割难舍。小燕子的飞翔和独立，是老燕子的殷切期望，也是它脱离家庭、走向独立的开始。燕子们就是这样在爱与恨、聚与散、生与死之间一辈辈传承和繁衍的。

冬已过去，春暖花开，我们该像那美丽勇敢、感恩重情的燕子，义无反顾地飞回老家……

⑥ 夹竹桃（节选）

季羡林

夹竹桃不是名贵的花，也不是最美丽的花，但是对我说来，它却是最值得留恋最值得回忆的花。

我们家的大门内有两盆夹竹桃，一盆红色的，一盆白色的。我小的时候，天天都要从这下面走出走进。红色的花朵让我想到火，白色的花朵让我想到雪。火与雪是不相容的，但是这两盆花却融洽(qià)地开在一起，宛如火上有雪，或雪上有火。我的心里觉得这景象十分奇妙，十分有趣。

观察事物时加入自己的想象，这会让我们的观察更奇妙，更有趣。

只有一墙之隔，转过影壁，就是院子。我们家里一向是喜欢花的，虽然没有什么非常名贵的花，但是常见的花却是应有尽有。每年春天，迎春花首先开出黄色的小花，报告春的消息。以后接着来的是桃花、杏花、海棠、榆叶梅、丁香等，院子里开得花团锦簇。到了夏天，更是满院生辉。凤仙花、石竹花、鸡冠花、四色梅、江西腊等，五彩缤纷，美不胜收。夜来香的香气熏透了整个夏夜的庭院，是我什么时候也不会忘记的。一到秋天，玉簪(zān)花带来凄清的寒意，菊花则在秋风中怒放。总之，一年三季，花开花落，没有间歇；情景很美，变化亦多。

“我”家的花可真多！怪不得作者说“我们家里一向是喜欢花的”。

然而，在一墙之隔的大门内，夹竹桃却在那里悄悄地一声不响，一朵花败了，又开出一朵，一嘟噜花黄了，又长出一嘟噜。在和煦(xù)的春风里，在盛夏的暴雨里，在深秋的清冷里，看不出有什么特别茂盛的时候，也看不出有什么特别衰败的时候，无日不迎风弄姿，从春天一直到秋天，从迎春花一直到玉簪花和菊花，无不奉陪。这一点韧(rèn)性，同院子里那些花比起来，不是显得非常可贵吗？

“我”家的花多，而“我”却最留恋夹竹桃。联系上下文，和同伴交流一下自己的理解吧。

但是夹竹桃的妙处还不止于此。我特别喜欢月光下的夹竹桃。你站在它下面，花朵是一团模糊，但是香气却毫不含糊，浓浓烈烈地从花枝上袭(xí)了下来。它把影子投到墙上，叶影参差(cēn cī)，花影迷离，可以引起我许多幻想。我幻想它是地图，它居然就是地图了。这一堆影子是亚洲，那一堆影子是非洲，中间空白的地方是大海。碰巧有几只小虫子爬过，这就是远渡重洋的海轮。我幻想它是水中的荇(xìng)藻，我眼前就真的展现出一个小池塘。夜蛾飞过，映在墙上的影子就是游鱼。我幻想它是一幅墨竹，我就真看到一幅画。微风乍(zhà)起，叶影吹动，这一幅画竟变成活画了。

这样的幻想可真奇妙！展开想象，你还会想象到怎样的画面呢？快和同学交流一下吧！也可以动笔把想象的画面写下来。

有这样的韧性，能这样引起我的幻想，我爱上了夹竹桃。

7 快阁的紫藤花[①]

徐蔚南

用数量词描写事物真形象，“一架紫藤”，写出了紫藤满架的样子，“一球一球”写出了花儿的重叠繁多，闭上眼睛想想画面吧。

自池旁折向北，便是那后花园了。

我们一踏进后花园，一架紫藤便呈现在我们眼前。这架紫藤正在开花最盛的时候，一球一球重叠盖在架上的，俯垂在架旁的尽是花朵。花心是黄的，花瓣是洁白的，而且看上去似乎很肥厚的。更有无数的野蜂在花朵上下左右嗡嗡地叫着——乱哄哄地飞着。它们是在采蜜吗？它们是在舞蹈吗？它们是在和花朵游戏吗？……

作者的想象很奇妙，“拥着”“偎着”“卧着”“戏着”用得真好。

我在架下仰望这一堆花，一群蜂，我便想象这无数的白花朵是一群天真无垢(gòu)的女孩子，她们一块儿拥着，偎着，卧着，戏着；那无数的野蜂便是一大群

① 选入本书时略有删改。

的男孩儿，他们正在唱歌给她们听，正在奏乐给她们听。他们是在痛快地享受那阳春，他们是在创造青春的乐土。

这种想象绝不是仅我一人所有，无论谁看了这无数的花儿和蜂都将生出一种神秘的想象来。同我一块儿去的方君看见了也拍手叫起来，他向那低垂的一球花朵热烈地吻了一下，说道：“鲜美呀！呀，鲜美！”他又说：“我很想把花朵摘下两枝来挂在耳上呢。”

离开这架白紫藤十几步，有一围短短的冬青。绕过冬青，穿过一畦(qí)豌豆，又是一架紫藤。不过这一架是青莲色的，和那白色的相比，各有美处。但是就我个人说，却更爱这青莲色的，因为淡薄的青莲色呈在我眼前，便能使我感到一种平和，一种柔婉，并且使我有如饮了美酒，有如进了梦境。

青莲色的紫藤花，让作者感到平和、柔婉，有如饮了美酒，进了梦境……联系下文，发挥想象，说说这是怎样的梦境。

很奇异，在这架花儿上，野蜂竟一只也没有。落下来的花瓣在地上已有薄薄的一层。原来这架花朵的青春已逝，无怪野蜂散尽了。

我们在架下的石凳上坐了下来，观看那正在一朵一朵飘下的花儿。花儿也知道求人爱怜似的，轻轻地落了一朵在我膝上，我俯下看时，颈项里感到飕(sōu)飕地一冷，原来又是一朵。它接连着落下来，落在我们的眉上，落在我们的肩上，落在我们的脚上。我们在这又轻又软又香的花雨里几乎睡去了。

“我们”沉醉在紫藤花的世界里。

猝(cù)然，“咕噜噜”一声怪响，我们如梦初醒，四目相向，颇形惊诧。即刻又是“咕噜噜”地响了。

方君说：“这是啄木鸟。”

临去时，我总舍不得这架青莲色的紫藤，便在地上拾了一朵夹在《花间集》里。夜深人静的时候，我常取出这朵花来默视一会儿。

《花间集》是一部词集，将紫藤夹在这书里，多么和谐、唯美。

8 夏天的昆虫①

汪曾祺

快速默读下文，你会发现文中昆虫的很多秘密。请用表格或配有文字说明的图片，做一份自己喜欢的昆虫备忘录，并和同学或家人交流一下。

蝈蝈

蝈蝈我们那里叫作“叫蚰子”。因为它长得粗壮结实，样子也不大好看，还特别在前面加一个“侉(kuǎ)”字，叫作“侉叫蚰子”。这东西就是会呱呱地叫。有时嫌它叫得太吵人了，在它的笼子上拍一下，它就大叫一声：“呱！——”停止了。它什么都吃。据说吃了辣椒更爱叫，我就挑顶辣的辣椒喂它。早晨，掐了南瓜花（谎花）喂它，只是取其好看而已。

“侉”字的意思是粗大，不精致。由画线句的描述，我们能理解为什么人们把蝈蝈叫作“侉叫蚰子”。作者是从哪几个方面描写“侉叫蚰子”的？

① 选入本书时略有删改。

这东西是咬人的。有时捏住笼子，它会从竹箅(bì)的洞里咬你的指头肚子一口！

另有一种秋叫蚰子，较晚出，体小，通体碧绿，叫声清脆。秋叫蚰子养在牛角做的圆盒中，顶面有一块玻璃。我能自己做这种牛角盒子，要紧的是弄出一块大小合适的圆玻璃。把玻璃放在水盆里，用剪子剪，不碎裂。秋叫蚰子价钱比侉叫蚰子贵得多。养好了，可以越冬。

叫蚰子是可以吃的。得是三尾的，腹大多子。扔在枯树枝火中，一会就熟了。味极似虾。

蝉

蝉大别有三类。一种是“海溜”，最大，色黑，叫声洪亮，这是蝉里的“楚霸王”，生命力很强。我曾捉了一只，养在一个断了发条的旧座钟里，活了好多天。一种是“嘟溜”，体较小，绿色而有点银光，样子最好看，叫声也好听：“嘟溜——

作者观察的角度是多方面的，既仔细观察了蝉的外形，又用心倾听了蝉的叫声。

嘟溜——嘟溜。”一种叫“叽溜”，最小，暗赭(zhě)色，也是因其叫声而得名。

蝉喜欢栖息在柳树上。古人常画“高柳鸣蝉”，是有道理的。

北京的孩子捉蝉用粘竿——竹竿头上涂了粘胶。我们小时候则用蜘蛛网。选一根结实的长芦苇，一头撅(juē)成三角形，用线缚住，看见有大蜘蛛网就一绞，三角里络满了蜘蛛网，很黏。瞅准了一只蝉，轻轻一捂，蝉的翅膀就被粘住了。

作者介绍了童年时捉蝉的经历，读起来很有趣。

蜻蜓

家乡的蜻蜓有四种。

一种极大，头胸浓绿色，腹部有黑色的环纹，尾部两侧有革质的小圆片，叫作“绿豆钢”。这家伙厉害得很，飞时巨大的翅膀磨得嚓嚓地响。或捉之置室内，它会对着窗玻璃猛撞。

一种即常见的蜻蜓，有灰蓝色和绿色的。蜻蜓的眼睛很尖，但到黄昏后眼

作者写了家乡的四种蜻蜓，对每一种蜻蜓，都是从哪些方面来写的？在阅读时找出来，和同学交流一下。

力就有点不济。它们栖息着不动，从后面轻轻伸手，一捏就能捏住。

一种是红蜻蜓。不知道什么道理，说这是灶(zào)王爷的马。

另有一种纯黑的蜻蜓，身上、翅膀都是深黑色，我们叫它鬼蜻蜓。

刀 螂

蝗螂为什么又叫刀螂？感兴趣的同学可以观察一下螳螂，或查查资料，了解一下这个名称的来历。

刀螂即螳螂。螳螂是很好看的。螳螂的头可以四面转动。螳螂翅膀嫩绿，颜色和脉纹都很美。昆虫翅膀好看的，为螳螂，为纺织娘。

或问：你写这些昆虫什么意思？答曰：我只是希望现在的孩子也能玩玩这些昆虫，对自然产生兴趣。现在的孩子大都只在电子玩具包围中长大，未必是好事。

9 昆虫的故事[1]

孙犁

人的一生，真正的欢乐，在于童年。成年以后的欢乐，则常带有种种限制。例如说：寻欢取乐，强作欢笑，甚至以苦为乐，等等。

而童年的欢乐，又在于黄昏。这是因为：一天劳作之后，晚饭未熟之前，孩子们是可以偷一些空闲，尽情玩一会儿的。时间虽短，其欢乐的程度，是大大超过青年人的人约黄昏后的情景的。

作者都写了昆虫的哪些故事？找一找，画一画，和同学交流一下吧。

黄昏的欢乐，又多在春天和夏天，又常常和昆虫有关。

一是捉黑老婆虫。

这种昆虫，黑色，有硬壳，但下面又有软翅。当村边的柳树初发芽时，它

① 选入本书时略有删改。

黑老婆虫还会装死，真有趣！大自然中的生灵，秘密可真多！

们不知从何处飞来，群集在柳枝上。儿童们用脚一踢树干，它们就纷纷落地装死。儿童们争先恐后地把它们装入瓶子，拿回家去喂鸡。我们的童年，即使是游戏，也常常和衣食紧密相连。

二是摸爬爬儿。

爬爬儿原来是蝉的幼虫！边读边想象孩子们摸爬爬儿的方式和过程，体会一下作者童年的快乐。

爬爬儿是蝉的幼虫，黄昏时从地里钻出来，爬到附近的树上，或是篱笆上。第二天清晨，脱去一层黄色的皮，就变成了蝉。

摸蝉的幼虫，有两种方式。一是摸洞，每到黄昏，到场边树下去转悠，看到有新挖开的小洞，用手指往里一探，幼虫的前爪，就会钩住你的手指，随即带了出来。这种洞是有特点的，口很小，呈不规则圆形，边缘很薄。我幼年时，是察看这种洞的能手，几乎百无一失。另一种方式是摸树。这时天渐渐黑了，幼虫已经爬到树上，但还停留在树的下部，我们常用手从树的周围去摸。这种方式，有点碰运气，弄不好，还会碰到别的虫子，例如蝎子，那就很倒霉了。而且这时母亲也就要喊我们回家吃饭了。

捉了蝉的幼虫，回家用盐水泡起来，可以煎着吃。

三是抄老道儿。

我们那里，沙地很多，都是白沙，一望无垠，洁白如雪，人们就种上柳子。柳子地，是我童年的一大乐园。玩累了，坐在沙地上，就会看见有很多小酒盅(zhōng)似的坑儿。里面光滑整洁，无声无息，偶尔有一个蚂蚁或是小飞虫滑落到里面，很快就没有踪迹了。我们一边嘴里念念有词“老道儿，老道儿，我给你送肉吃来了”，一边用手往沙地深处猛一抄，小酒盅就到了手掌，沙土从指缝里流落，最后剩一条灰色软体的，形似书鱼而略大的小爬虫在掌心。这种虫子就叫老道儿。它总是倒着走，把它放在沙地上，它迅速地倒退着，不久就又形成一个窝，

“老道儿”，多么有趣的名字！快速阅读下文，看看还能发现老道儿的哪些秘密。把有趣的故事讲给家人听吧。

它也不见了。

它的头部，有两只很硬的钳子。别的小昆虫一掉进它的陷阱，就被它拉进土里吃掉，这叫无声的死亡，或者叫莫名其妙的死亡。

阅读链接

昆虫包括甲虫、蝇、蝴蝶、蚂蚁等，最早出现于泥盆纪，种类极多，占整个动物界种数的80%以上。迄今为止，科学家已经发现了100多万种昆虫。昆虫在不断的演化中，进化出许多保护自己的方法，如伪装、长毒刺等。

芙蓉花、银杏花、山茶花、槐花……阅读下面的文章，找找在作者眼里这些花是什么颜色、什么姿态……关注作者是如何一边观察一边想象的，体会作者在文章中所表达的情感。

1 秋日芙蓉

庞　硕

北方的深秋草木凋零，走在街巷，满眼都是肃(sù)杀之景。偶起秋风，吹落满地枯枝残叶；偶落秋雨，更是平添凄冷之情。

第一次来成都也是秋天。这里的深秋，却让人丝毫感受不到北方秋季的凄冷。城中静静盛开的芙蓉花，让天府之国散发出一种沉稳典雅又不失活泼灵动的独特气质。

远远望去，芙蓉花就像婉约娴(xián)静的少女，或几株挤在一起，如小姐妹那般窃窃私语，互相诉说着各自的心事；或一株独立，沐浴着秋日的暖阳，享受着一个人自在悠闲的时光。

这是我第一次见到芙蓉。以前只在古诗中听闻芙蓉美艳瑰丽，不畏秋霜。不管是白居易的“花房腻(nì)似红莲朵，艳色鲜如紫牡丹”，还是王安石的“落尽群花独自芳，红英浑欲拒严霜”，抑或苏轼的“千林扫作一番黄，只有芙蓉独自芳”，无一不是对芙蓉美丽耐寒的特点的大加赞赏。

走到近前，仔细端详眼前的芙蓉。枫叶形的叶子虽大于手掌，却细致别具，脉络分明，叶面上长出一层细软的茸(róng)毛。嫩绿的梗(gěng)精神抖擞(sǒu)，顶端伸出红色的花朵，花瓣的褶(zhě)皱如少女美丽的裙摆，一层一层，包裹着嫩黄的花蕊(ruǐ)。闭上眼，将鼻子凑到花前，深吸一口气，一阵淡雅的花香扑鼻而来，沁(qìn)人心脾。

以前只知道菊花在黄叶飘零、百花凋谢的秋季傲霜斗雪，若不是亲眼所见，哪里想得到芙蓉花竟也在寒秋绽(zhàn)放。

一阵风过，绿叶中间那一抹抹红摇曳(yè)生姿，仿佛不畏寒冷的美丽仙子，在枝叶间翩翩起舞，把秋天也感染得极富诗意。树上还有一簇簇含苞待放的芙蓉花骨朵，围在已经开放的花朵四周，像些调皮的小精灵，频频地舞来舞去。

听成都当地的人说，芙蓉花一生会经历三次变化。她最初的花苞是洁白的，开放后就像一只白色的蝴蝶，纯洁无瑕。后来，花瓣会渐渐变成粉色，像略施粉黛的脸颊(jiá)，柔和润泽。随着芙蓉的生长，花瓣的颜色会越来越红艳，直到生命的最后一刻，那醉人的嫣(yān)红才得到最淋漓尽致的释放。

站在秋风中，看着眼前这些正在怒放的芙蓉花，竟不忍就这样匆匆离开。这是怎样的一种花啊！她一生尽美，沐寒风而不怯，披严霜而愈丽。当距离生命的终点越来越近，她的花色反倒越来越浓艳，花朵越开越旺盛了。

“红”是生命最原始的颜色，也是最终极的颜色。也许，秋日芙蓉想用最美的姿态、最绚(xuàn)烂的颜色与世界告别，来抒发她对生的热爱、对美的追求。

“自古逢秋悲寂寥，我言秋日胜春朝。”美哉！秋日的芙蓉花！

② 三棵银杏树

叶圣陶

我家屋后有一片空地，十丈见方，前边和右边沿着河，左边是人家的墙。三棵银杏树站在那里。一棵靠着右边，把影子投到河里。两棵在中央，像两个亲密的朋友，手牵着手，肩并着肩。

三棵银杏树有多大的年纪了，没有人知道。父亲说，他小时候，树就这么高这么大了，经过了三十年的岁月，似乎还是这么高这么大。

三棵树的主干都很直，枝干也是直的多，偶然有几枝屈曲得很古怪，像画上画的。每年冬天，赤裸的枝干上生出无数小粒。这些小粒渐渐长大，最后像牛的奶头。

到了春天，绿叶从奶头似的地方伸展出来。我们欢喜地说："银杏树又穿上新衣裳了！"空地上有了这广大的绿荫，成了最好的游戏场所，我们在那里赛跑，唱歌，扮演戏剧。经过的船常常停泊在右边那一棵的绿荫下面，摇船的歇口气吸一管烟，或者煮一锅饭，这时候，一缕缕烟就袅（niǎo）袅地升起来了。

银杏树的花太小了，很容易被人忽略。去年秋天，我一边拾银杏果，一边问父亲：“银杏树为什么不开花？”父亲笑着说：“不开花哪儿来的果？待来春留心看吧。”今年春天，我看见了银杏树的花，那是很可爱的白里带点儿淡黄的小花。

说起银杏果，不由得想起“烫手啰，热白果”的叫卖声来。白果是银杏树的种子，炒熟了，剥掉壳，去了衣，就是绿玉一般的一颗仁，虽然不甜，却有一种特别的清味，我们都喜欢吃。

秋风阵阵地吹，折扇形的黄叶落得满地。风把地上的黄叶吹起来，我们拍手叫道：“一群黄蝴蝶飞起来了！”等到黄叶落尽，三棵老树又赤裸裸的了。屈曲得很古怪的枝干上偶然有一两只鹰停在那里，好久好久不动一动，衬着天空的背景，正像一幅古画。

③ 白色山茶花

席慕蓉

山茶又开了，那样洁白而又美丽的花朵，开了满树。

每次，我都不能无视地走过一棵开花的树。

那样洁白温润的花朵，从青绿的小芽儿开始，到越来越饱满，到慢慢地绽放；从半圆，到将圆，到满圆。花开的时候，你如果肯仔细地去端详，你就能明白它所说的每一句话。

就因为每一朵花只能开一次，所以，它就极为小心地绝不错一步，满树的花，就没有一朵开错了的。它们是那样慎重和认真地迎接着唯一的一次春天。

所以，我每次走过一棵开花的树，都不得不惊讶与屏息于生命的美丽。

4 槐　花

季羡林

自从移家朗润园，每年在春夏之交的时候，我一出门向西走，总是清香飘拂，溢满鼻官。抬眼一看，在流满了绿水的荷塘岸边，在高高低低的土山上面，就能看到成片的洋槐，满树繁花，闪着银光；花朵缀满高树枝头，开上去，开上去，一直开到高空，让我立刻想到新疆天池上看到的白皑皑的万古雪峰。

这种槐树在北方是非常习见的树种。我虽然也陶醉于氤氲（yīn yūn）的香气中，但却从来没有认真注意过这种花树——惯了。

有一年，也是在这样春夏之交的时候，我陪一位印度朋友参观北大校园。走到槐花树下，他猛然用鼻子吸了吸气，抬头看了看，眼睛瞪得又大又圆。我从前曾看到一幅印度人画的人像，为了夸大印度人眼睛之大，他把眼睛画得扩张到脸庞的外面。这一回我真仿佛看到这一位印度朋友瞪大了的眼睛扩张到面孔以外来了。

“真好看呀！这真是奇迹！”

“什么奇迹呀？”

“你们这样的花树。”

“这有什么了不起呢？我们这里多得很。”

“多得很就不了不起了吗？”

我无言以对，看来辩论下去已经毫无意义了。可是他的话却对我起了作用：我认真注意槐花了，我仿佛第一次见到它，非常陌生，又似曾相识。我在它身上发现了许多新的以前从来没有发现的东西。

在沉思之余，我忽然想到，自己在印度也曾有过类似的情景。我在海德拉巴看到耸入云天的木棉树时，也曾大为惊诧。碗口大的红花挂满枝头，殷红如朝阳，灿烂似晚霞，我不禁大为慨叹：

“真好看呀！简直神奇极了！”

“什么神奇？”

“这木棉花。”

“这有什么神奇呢？我们这里到处都有。”

陪伴我们的印度朋友满脸迷惑不解的神情。我的眼睛瞪得多大，我自己看不到。现在到了中国，在洋槐树下，轮到印度朋友（当然不是同一个人）瞪大眼睛了。

在日常生活中，我们都有这样一个经验：越是看惯了的东西，便越是习焉不察，美丑都难看出。这种现象在心理学上是容易解释的：一定要同客观存在的东西保持一定的距离，才能客观地去观察。难道我们就不能有意识地去改变这种习惯吗？难道我们就不能永远用新的眼光去看待一切事物吗？

我想自己先试一试看，果然有了神奇的效果。我现在再走过荷塘看到槐花，努力在自己的心中制造出第一次见到的幻想，我不再熟视无睹，而是尽情地欣赏。槐花也仿佛是得到了知己，大大小小、高高低低的洋槐，似乎在喃喃自语，又对我讲话。周围的山石树木，仿佛一下子活了起来，一片生机，融融氤氲。荷塘里的绿水仿佛更绿了，槐树上的白花仿佛更白了，人家篱笆里开的红花仿佛更红了。风吹，鸟鸣，都洋溢着无限生气。一切眼前的东西联在一起，汇成了宇宙的大欢畅。

阅读实践

默读这四篇文章，边读边想象画面，体会作者是如何观察和想象的，填在下面空白处。

花名	观察到的	想象到的
芙蓉花	红色的花朵、褶皱的花瓣、嫩黄的花蕊、淡雅的花香……	少女美丽的裙摆、美丽仙子翩翩起舞、调皮的小精灵……
银杏花		
山茶花		
槐花		

活动二

在“……调皮的小精灵，频频地舞来舞去”这个句子中，作者把花骨朵比作“调皮的小精灵”，既生动又形象，能看出作者是多么喜欢这花骨朵。像这样优美生动的语句，这四篇文章中还有很多，小组合作，找一找，说一说吧！

我们找到的

1. 远远望去，芙蓉花就像婉约娴静的少女，或几株挤在一起，如小姐妹那般窃窃私语，互相诉说着各自的心事。

——《秋日芙蓉》

2.

3.

我们体会到的

1.

2.

3.

活动三

选一种你最喜欢的植物，试着把每天观察和想象到的情景简单记录在下面图中。待观察结束，再把记录的内容连贯、通顺地写到信纸上。

我最喜欢________

自由阅读

① 阮郎归·初夏

[宋]苏轼

绿槐高柳咽(yè)新蝉[①]，薰风[②]初入弦。碧纱窗下水沉烟[③]，棋声惊昼眠。　微雨过，小荷翻。榴花开欲然[④]。玉盆纤手[⑤]弄清泉，琼珠碎却圆。

这首词写出了初夏时节的诸多景物，如新蝉、薰风、荷花、石榴花……让人感觉到初夏景色无限。

注释

① 咽新蝉：即“新蝉咽”，新蝉断断续续地鸣叫。新蝉，刚出壳的蝉。
② 薰风：和暖的南风。
③ 水沉烟：点燃沉香时散发出的带有香气的烟。水沉，一种名贵的木质香料。
④ 然：同“燃”，形容花红如火。
⑤ 纤手：女性娇小柔嫩的手。

译文

槐荫垂地，高高的柳枝随风轻轻飘动，蝉声时断时续，微风将初夏的和暖吹入屋内。碧纱窗下，水沉香的芬芳四处缭绕，房外棋声把甜蜜的午梦惊醒。

一阵细雨过后，娇小的荷花随风翻转。火红的石榴花就像团团火把。美人举着玉盘戏弄着清清泉水，跌落在荷叶上的水珠就像颗颗珍珠般圆润晶亮。

② 钱塘湖[①]春行

[唐] 白居易

孤山寺北贾亭西，水面初平云脚[②]低。
几处早莺[③]争暖树，谁家新燕啄春泥。
乱花[④]渐欲迷人眼，浅草才能没马蹄。
最爱湖东行不足，绿杨阴里白沙堤[⑤]。

注释

① 钱塘湖：指杭州西湖。
② 云脚：雨前或雨后接近水面的云气。
③ 早莺：初春时早来的黄鹂。
④ 乱花：纷繁的花。
⑤ 白沙堤：指白堤，又称“沙堤”或“断桥堤”。

绕过孤山寺以北漫步贾公亭以西，湖水初涨与岸平齐白云垂得很低。
几只早出的黄鹂争栖向阳的暖树，谁家新飞来的燕子忙着筑巢衔泥。
野花竞相开放就要让人眼花缭乱，春草还没有长高才刚刚没过马蹄。
最喜爱湖东的美景令人流连忘返，杨柳成排绿荫中穿过一条白沙堤。

③ 小蜜蜂

李少白

啊！小蜜蜂飞来了，飞来了！她乘着春风，披着霞光，飞到这美丽的小百花园，飞到花儿的心上……

瞧，她睁大晶亮亮的眼睛，扇动着薄纱似的翅膀，在花丛中舞呀，在春光里唱，真像朵朵会飞的花儿，又如点点耀眼的阳光。她是春天的小天使呀！带来了甜蜜和芬芳。有了她，小百花园才显得更美、更香。

> 用“晶亮亮”“薄纱似的”来描写小蜜蜂的外形，非常准确、细致。

听！她唱起了快乐的歌儿，飞来飞去，喜气洋洋。她要去传花粉、采花蜜、造新房。采呀、采呀，唱呀、唱呀，她这出色的小歌手，在歌唱春光的美好，秋天的希望。这支勤劳的歌、理想的歌呀，永远、永远也唱不完……

蜜蜂是勤劳的模范，采起蜜来既不像蜻蜓点水又不同蜘蛛结网。她在一朵朵花儿上细心地吸吮（shǔn）、吸吮，要采集成百上千朵花，才能装满她的蜜囊；要进行几万次的采集飞行，采上几百万朵甚至上千万朵花儿，才能酿成一公斤蜜糖。是呀，她就靠这不倦的积累，得到最丰富的营养。

就这样，小蜜蜂用她的勤劳、博采、聪明，把生活酿造得又甜又香。

小蜜蜂啊，是多么的可爱、可敬、可亲！来吧！让我们也快快长上智慧的双翅，和她一起，飞进那美丽的花丛……

带着情感去观察，我们所感受到的一定会更加深刻和美好。

阅读链接

蜜蜂是群居性昆虫，由蜂王、工蜂和雄蜂组成蜂群。从春季到秋末，在植物开花季节，蜜蜂天天忙碌不息。冬季是蜜蜂唯一的短暂休闲时期。蜜蜂是各种作物的理想授粉昆虫之一，被誉为“农业之翼”。

4 蝴蝶的文学（节选）

郑振铎

春送了绿衣给田野，给树林，给花园；甚至于小小的墙隅（yú）屋角，小小的庭前阶下，也点缀着新绿。就是油碧色的湖水，被春风潾潾地吹动，山间的溪流也开始淙（cóng）淙汩（gǔ）汩地流动了。于是黄的、白的、红的、紫的、蓝的，以及不能名色的花开了，于是黄的、白的、红的、黑的，以及不能名色的蝴蝶们，从蛹中苏醒了，舒展着美得耀人的双翼，栩（xǔ）栩地在花间，在园中飞了；便是小小的墙隅屋角，小小的庭前阶下，只要有新绿的花木在着的，只要有什么花舒放着的，蝴蝶们也都栩栩地来临了。

这里写出了花儿的色彩缤纷，也写出了蝴蝶的五彩斑斓。边读边想象画面，体会一下这样写的好处。

蝴蝶来了，偕（xié）来的是花的春天。

当我们在和暖宜人的阳光底下，走到一望无际的开放着金黄色的花的菜田间，或杂生着不可数的无名野花的草地上时，大的小的蝴蝶们总在那里飞翔着。一刻飞向这朵花，一刻飞向那朵花，便是停下了，双翼也还在不息不住地扇动着。一群儿童嬉笑着追逐在它们之后，见它们停下了，便悄悄地蹑(niè)足走近，等到他们走近时，蝴蝶却又态度闲暇地舒翼飞开了。

啊，蝴蝶！它便被追，也并不现出匆急的神气。

在这个时候，我们似乎觉得整个宇宙都耀着微笑，都泛溢着快乐，每个生命都在生长，在向前或向上发展。

美好的场景，让作者感受到“整个宇宙都耀着微笑，都泛溢着快乐，每个生命都在生长”……体会一下作者此时的情感。

5 喜　鹊[1]

樊发稼

我们村里的人，都喜欢黑白相间的、穿花衣服的喜鹊，虽然它们的歌声不如黄莺那样婉转，也不如斑鸠那样浑厚。

作者写喜鹊的外形，运用了拟人的手法，一下拉近了人们和喜鹊的距离。喜鹊更像是人们的朋友了。

大人们都说，喜鹊是一种吉祥的鸟。

它们欢快的叫声，为村子平添了几分平和、宁静、安详和喜悦。

我们村里有很多大榆树。

几乎每棵榆树的树梢间都有一个鹊窝——这高高的窝，就是喜鹊的家。

我亲眼看见喜鹊是怎样搭窝的。哦，那是很精细、很艰巨的劳动呢。

---

① 选入本书时略有删改。

它们先是围绕着榆树飞来飞去。这是它们在反复比较、选择适当的位置。也许，同时就在设计新居的方案了。

一旦找准了“地形”，便开始施工了：

从村前村后（有时要从很远很远的地方），觅来一根根尺寸相当的枯树枝条，衔到树梢间，先搭起框架；再从地里、河滩上叼来湿润的泥土加以黏结，间以柔软的细荆（jīng）；然后一层一层地铺上枯草、布条、羽毛……

“觅来”“衔到”“搭起”……这些连续动词的使用，把喜鹊筑窝的过程描写得非常形象，仿佛就在眼前。

每筑好一个窝，如果顺利的话，大约需要十天的样子。在这段时间里，喜鹊们起早摸黑，从不停歇。据说由于辛勤劳碌奔波，十天下来，喜鹊的身子瘦了许多。

一个新窝筑好了，别的喜鹊们纷纷飞来，热闹地叫唤一番，像是前来向友邻道喜，欢庆“新房”的落成。

喜鹊筑造的窝，非常坚固，还有良好的“抗震性能”，任凭风吹雨打，很少有塌落的。一旦遇到特大的台风，鹊窝遭到破坏，喜鹊们会很快在原地重新修筑，重建家园。

我们村里有很多大榆树。几乎每棵树上都有鹊窝——喜鹊的家。

许许多多的鹊窝，就像我们村里的一排排房子，一户户人家。

喜鹊们也有一个安定的村子。

每只喜鹊，就是这个村子的居民。

喜鹊一般不吃粮食。它们帮我们保护庄稼，专吃害虫。

我们从不伤害它们。

它们是我们的朋友，是我们友好的邻居。

阅读链接

中国民间将喜鹊作为吉祥的象征。传说喜鹊原是天宫的仙鸟，叫鹊儿。每年农历七月初七，牛郎织女过天河相会，便是喜鹊搭的桥，俗称“鹊桥会”。喜鹊登梅亦是中国画中常见的题材，喜鹊还经常出现在传统诗歌、对联中。

6 枯叶蝴蝶

徐　迟

峨眉山下，伏虎寺旁，有一种蝴蝶，比最美丽的蝴蝶可能还要美丽些，是峨眉山最珍贵的特产之一。

为什么作者说枯叶蝴蝶“比最美丽的蝴蝶可能还要美丽些”呢？作者是怎样描写的？找一找，画一画。

当它合起两张翅膀的时候，像生长在树枝上的一张干枯了的树叶。谁也不去注意它，谁也不会瞧它一眼。

它收敛（liǎn）了它的花纹、图案，隐藏了它的粉墨、彩色，逸出了繁华的花丛，停止了它翱（áo）翔的姿态，变成了一张憔悴（qiáo cuì）的、干枯了的，甚至不是枯黄的，而是枯槁（gǎo）的、如同死灰颜色的枯叶。

它这样伪装，是为了保护自己。但是它还是逃不脱被捕捉的命运。不仅因为它的美丽，更因为它那用来隐蔽它的美丽的枯槁与憔悴。

它以为它这样做可以保护自己，殊不知它这样做更教人去搜捕它。

人把它捕捉，将它制成标本，作为一种商品去出售，价钱越来越高。最后几乎把它捕捉得再也没有了。这一生物品种快要绝种了。

我们既然有一对美丽的翅膀，我们永远也不愿意合上它们。为什么要装模作样，化为一只枯叶蝶，最后也还是被售，反而不如那翅膀两面都光彩夺目的蝴蝶到处飞翔，被捕捉而又生生不息。

我要我的翅膀两面都光彩夺目。

我愿这自然界的一切都显出它们的真相。

阅读链接

峨眉山位于四川省峨眉山市西南，以有山峰相对如蛾眉而得名。主峰万佛顶，海拔3079.3米。峨眉山景色秀丽，素有“峨眉天下秀”的美誉。

7 蚕

叶圣陶

每年的春末，养蚕的人取出去年所收的蚕卵，把盐水淋在上面，这叫作“浴蚕”。蚕卵是蚕蛾生的，黏在纸上，密密地铺排着，不留空隙。初生的时候卵是黄色的，渐渐转绿，后来成为黑色；它比针尖大不了多少，分量很轻，一万颗只有一克重。每一只雌蛾能生卵七百多颗，生完卵它就死了。雌蛾也有不生卵的。

蚕才孵(fū)化，细小得很，像黑丝的断屑(xiè)，那时候桑叶要剪碎了喂的。渐渐长大起来，大约十天工夫，眠期到了。同在一起的蚕，眠期有早有晚，并不齐一。眠的时候不吃桑叶，也不行动，经过四十八个钟头，就脱去了一层皮，重又活动起来，这是“头眠”。“头眠”以后十天，眠期又到了，这是“二眠”。顺次到了“四眠”，那就快要吐丝结茧了。“四眠”的时候蚕身最长；过了“四眠”，反而缩短了，通体显得透明。蚕从初生到结茧，除了眠期，不停地吃着桑叶。许多过了“四眠”的蚕聚在一起，吃桑叶的声音“沙沙沙沙”，好像一阵急雨落在芭蕉叶上。

蚕将要结茧的时候，养蚕的人把它们放到稻秆束上，这叫作“上山”。蚕就在那里吐丝结茧。结成了茧就化作蛹，自己耽在茧中。吐丝的时候，蚕昂起了头上下摇动，丝就从它的嘴里出来，本来是两缕，离了嘴才合作一缕，围绕着蚕身，渐积渐厚，结果成为椭圆形的、稍微有点儿弹性的茧。起初吐出来的丝浮松地附着在茧的外面，这叫作“茧网”，是不能拿来缫(sāo)丝的。茧白色的居多，间或有黄色的。也有两条蚕合结一个茧的，茧比寻常的大得多，中间有两个蛹。

> 作者观察得真细致！按照蚕生长的时间顺序，从蚕卵孵化到吐丝结茧描写得非常清楚。

把蚕丝放在显微镜下面去看，就见两股东西互相纠缠着，像透亮的玻璃一般。因此知道本来是两缕，由蚕嘴里黏液的力量，才合作一缕的。丝质极细极轻，一千个茧的丝合在一起，只有四克多一点的生丝。

⑧ 我听见小提琴的声音

郭　风

夜间，月亮已经升得很高很高了。我看见这个月亮从溪边乌桕(jiù)树的枝丫间，把一大片清光洒到溪边那个草丛的村庄里了。

这时我静静地听着：啊，可是真的，慢慢地，慢慢地，我听见那个草丛的村庄里，传来一阵又一阵小提琴的演奏声。

啊，我听人家说过，那草丛的村庄里，住着一位少年音乐家，名叫蟋蟀。他是一位很好的、勤奋的少年，天天晚上学习演奏小提琴。因此，后来他成为童话世界里一位少年提琴家。这优美的小提琴声，是他演奏的吗？

原来，演奏这小提琴的是蟋蟀啊！大自然的生灵真有趣。

啊，真的，真的，有一阵又一阵小提琴演奏声，从那草丛的村庄里传来了。

那小提琴拉得那么好啊，我静静地听着，听着。

一会儿听来，感到那琴声，好像是泉水从山谷里流到溪中来了。

有时听来，好像是给一位小姑娘唱的一首儿歌，拉着一支伴奏曲。

一会儿听来，感到那琴声，好像是一阵细雨打在竹林里的声音传来了。

我静静地听着，听着。

感到这小提琴的演奏声，可真是好听啊！我一边听着一边想，这小提琴的演奏声，是从那个草丛的村庄里，一座露天的音乐厅里传来的吧？那村庄里，今晚真的在那音乐厅里开一个月光音乐会吗？这小提琴真的是那位少年音乐家蟋蟀演奏的吗？一定有好多好多的小孩子来听演奏吧？……

试着像作者这样展开想象，你又会想到什么呢？

听啊，那草丛的村庄里传来一阵又一阵小提琴的演奏声；看啊，天上一个扁圆的、黄色的月亮，也在悄声地听着，把一大片清光洒到那个草丛的村庄里了。

9 翠绿色的歌（节选）

高洪波

在我的故乡，小孩子夏天的主要乐趣是逮蝈蝈。大肚子蝈蝈在郊外草丛间整日欢叫，诱惑着我们。而与蝈蝈竞争的，另有一种鸣虫，俗称“山叫驴”。一看这名字，便可知道它们的叫声是何等嘹亮！“山叫驴”的模样儿和蝈蝈差不多，所不同者，蝈蝈身上穿的是“短袖”，“山叫驴”着的是“长衫”，也就是说，“山叫驴”有一双长长的翅膀。这翅膀使它们颇为自豪，常常在树丛间做短距离飞翔，以逃避我们的追捕。而蝈蝈由于肚子大、翅膀短，只能靠弹跳的敏捷和绿的保护色来逃命，比起它的竞争对手，显得有些可怜。

“短袖”和“长衫”形象地表现出蝈蝈和“山叫驴”的翅膀长短不一样。

但蝈蝈的叫声好听，有一种悠悠的韵味、秋野的节奏，同时翠绿可爱，较之“山叫驴”来，尤为我们所珍重，常常三只“山叫驴”也顶不住一只蝈蝈。而“山叫驴”

由于仗着会飞，不大把小孩子放在眼里，这种傲慢无礼（或者说是一种笨拙）使它们极易捕捉。总之，在我们这群“小猎人”中间，能捉到蝈蝈的人是不太多的，“山叫驴”却每每能够一捉好几只。

“山叫驴”的叫声没有间歇，翅膀上的“小镜子”一摩擦，发出极长的“吱——”声，稍歇，又是一声，于是，整个夏日便为这“吱——”声所充盈，使大人们烦闷异常。此外，“山叫驴”的性情也很凶狠，大牙齿亮亮的，什么都敢咬上一口，同伙中间也不客气，若几只放在一个笼子里，用不了一会儿工夫，管保打得昏天黑地，断腿缺胳膊。它们真有一种“驴性”。

> 作者用比较的方法，准确地抓住蝈蝈和“山叫驴”的特点来描写。这样描写两种小昆虫，一定给你留下了很深的印象。

蝈蝈喜欢在两种植物上生活栖身：一种是豆叶儿，一种是麻秆儿。豆叶儿上的蝈蝈长得清秀，浑身碧绿油亮，大肚子也显得不那么突出；麻秆儿上的蝈蝈则色调浓绿，更为肥壮，许是因为麻秆儿高大，蝈蝈也跟着沾了光吧！

蝈蝈虽然大腹便(pián)便，其实却机智得很，至少在当时的我们眼里，它们是一种难对付的猎物。它的叫声一起，有时仿佛就在你眼前和鼻子底下，却怎么也搜索不出，只好听任它嘲弄般地唱着小调；眼力好的孩子，偶然盯住了它，常常刚一伸手，它倏(shū)忽间便隐身了，好像适才看到的只是一个幻影！当你失望地离开那草丛、那豆棵、那麻地时，脑后又响起它的挑衅(xìn)性的欢叫——这种叫声是多么令人恼怒，又是那么令人无可奈何！至今想来，还有些耿耿于怀。

顶让人失望的，是你眼见着一只蝈蝈跳入一蓬草丛，四处搜索不着，正失望时，又发现了它，及至逮住一看，竟改变了“性别”，成了一只母蝈蝈了。这事我碰到过好几次。

母蝈蝈不会叫，肚子后边拖一把“大刀”，威风得很。这“大刀”是产卵器，专门为小蝈蝈的出生而插入土里的，按理说是极先进的一项设备。但在当年，这种母蝈蝈顶扫我们的兴！我们甚至将它们认作“汉奸”“特务”，专门掩护公蝈蝈逃亡的坏蛋。其实，若没有这些母蝈蝈的孕育，田野中的歌者无疑会绝种的。

⑩ 松毛虫[1]

［法国］法布尔

松毛虫蛾九月开始孵卵，有的稍早点，有的稍晚些，但相差时间不多。为了利于跟踪观察新生幼虫最开始的活动情况，我便在实验室的窗子上放了几根上面有虫卵的树枝。树枝枝杈的下端浸在一杯水中，以使枝杈保持一段时间的新鲜。

八点钟光景，阳光照到窗子上之前，小毛虫便离开虫卵，我如果稍稍掀起正在孵化的圆柱体的鳞片，就会发现一些黑黑的脑袋正在轻轻地咬破并推开已经撕碎的顶板。这些小东西在慢慢地露出自己的身子，形成一片。

作者对松毛虫幼虫出卵的情景观察得特别仔细，描写得也非常清楚。请你找一找文中其他观察细致的语句。

孵化后，从外观上看去，有鳞片的圆柱体与它住满居民时似乎一样整齐、新鲜。只是在把小碎片稍微掀起

① 节选自法布尔《昆虫记》。

来时，才会发现里面根本就没有小虫子了。虫卵仍旧排列整齐，好似一个个稍稍打开的、略带半透明的白色杯状物。它们现在缺少无边圆帽状的盖子。这个盖子已经被新生幼虫给破坏撕裂了。

这些细小微弱的创造物只有一毫米长。它们呈淡黄色，满身纤毛。其纤毛有短有长，短的呈黑色，而长的则呈白色。它们的脑袋黑黑亮亮的，直径是身子的两倍。下颚(è)一开始就很有劲，能咬很硬的食物，与它的大脑袋相得益彰。脑袋大，有硬腭，这就是松毛虫新生幼虫的主要特征。

它们一出生就开始吃食了。幼小的毛虫在摇篮似的鳞片中间漫无目的地爬动一段时间之后，其中大部分都往摇篮里的松针上爬去。这些松针是它们出生的那个圆柱体的轴心，并且向外伸出去。另外的一些小毛虫便向邻近的松针上爬。它们在松针上啃噬(shì)，形成一道道被叶脉所限定的细小的凹陷的条纹。

三四条吃饱了的小毛虫，排成一条线，一起在爬行，但很快便又各自分开，各逛各的。我们只要稍微地打扰它们一下，它们便会轻轻地晃动身体的上半部，脑袋一冲一冲地轻轻晃动着，如同被一点一点地放松的弹簧似的。

当阳光照到那喂养幼虫的窗户时，这个小小家庭的成员们在体力得到充分的恢复以后，便退往其出生的双叶基地，乱糟糟地聚集在一起，开始吐丝作茧。它们开始制作一个极其精细的气泡，这气泡倚靠在相邻的几个松针上。这是小虫子们的帐篷，它们在一张很稀疏的网下面，在毒日下午休。下午，阳光从窗子上移开之后，它们全都爬出隐蔽地，一边在四周分散开来，一边在半径仅大拇指那么大的范围内结队爬行，然后再开始啃噬松针。

这样，虫卵在破裂之后不到一小时的时间里，松毛虫幼虫就变成了成串的爬行者和纺纱工。即使在恢复了体力之后，它们也还是怕光的，我们很快便会发现，它们要等到日落之后才会前往叶丛中去。

（陈筱卿　译）

⑪ 飞去的硬壳甲虫

班　马

我在暗中睁着眼睛——听。

听一只硬壳的甲虫，这只着急的甲虫，在黑屋子里到处乱撞。当，这是一头撞在东墙的秤(chèng)盘上；笃(dǔ)，这是一头撞在西墙的竹匾上。撞到铜盆上，叮的一声；撞到蓑(suō)衣上，又沙的一声……

> 作者在黑暗中听到了什么声音？请画出描写声音的词语。

突然，就没声音了。

我赤着脚，点上灯，来找它——发现它掉到水缸里啦！

我把这倒霉的音乐家送到窗口，让它在我的手掌上滴水，晒晒月光。它呆头呆脑，呆头呆脑地愣了一会儿，试着掀开背上墨黑发亮的硬盖，露出里

> 文中有好多词句写出了作者对硬壳甲虫的喜爱，可以找一找，画出来。

面收叠得好好的淡红色的嫩翅膀。

它一刹(chà)那间就飞起来了！

淡红色的透明翅膀竖起的时候，一刹那间像朵花，像朵淡红色的花。借着月光，我看到：

它拉着胡琴飞走了……

我可以睡觉了。

阅读链接

甲虫是鞘翅目昆虫的统称，昆虫纲中最大一目，大约有35万种，差不多相当于每三种昆虫中就有一种是甲虫。甲虫生有坚硬的前翅，称为鞘翅。我们常见的金龟子、天牛、象鼻虫等都是甲虫。

⑫ 冬蝈蝈

高洪波

养过若干只大肚子蝈蝈，褐色如浓茶状的、油绿似豆叶状的、长须长腿类古代武士的……无一例外，它们都以响亮的鸣叫送去炎夏，迎来深秋，是北京大热中的欢乐歌者。

只是从未养过冬蝈蝈。

不是不想养，而是不知道通过什么途径能够觅到这稀罕的鸣虫儿。记得若干年前我家暖气闹别扭，大冬天让人干熬苦撑，一切防寒措施都采用了，暖气还是不顶劲，只好向有关部门求援。那天下午来了一位工人，进门就找阳光射入屋内的最暖地带，掏出个葫芦放在那儿，然后才动手干活。

葫芦不大，可也不小，像个中号的水杯，揣在怀里鼓鼓的，不好干活；葫芦里装着宝贝，能在冬天里唱秋歌，“蝈蝈蝈”一唱，我乐了，敢情是只大肚子蝈蝈，冬蝈蝈。

修暖气的工人自称姓桂，打小就玩冬蝈蝈，行家里手。

桂先生神龙一现，干完活走了。他的葫芦、他的冬虫、他的做派留给我极深的印象，而冬日里偶一聆(líng)听蝈蝈的鸣叫，鲜、脆、爽，让你脑门儿发热，眼睛发亮，恍惚(huǎng hū)回到了夏秋之际，地道是个移情的好物件！

若干年，一晃也是快十年的事了。

今年我很走运，走虫运。先是买了王世襄先生三大本的《锦灰堆》，里面专门谈到蝈蝈蟋蟀的捕捉和饲养，甚至对蝈蝈的翅膀施以“手术”，王先生管它叫“点药”，让蝈蝈们的鸣叫更响亮、动听。

书读毕，一日有好友登门，已是头场大雪下过，寒气逼人，这朋友乐呵呵地进屋，顺手从贴心处掏出一个绿毛线织就的小袋子递给我，我一捏，便知道毛套里面是个蝈蝈葫芦。这葫芦的瓢盖上有七星布局的孔，揭下瓢盖，是铜丝盘成螺旋状内簧，捏住簧，一提，提出了葫芦嘴儿，里面正趴着一只大肚子冬蝈蝈，它不安分地扭动着，似乎有几分紧张。

就这样，我梦幻般拥有了一只冬蝈蝈。

起初喂食煮熟的胡萝卜，再后来喂葱心，它都吃得胃口大开。有一日妻子买回一包青豆，嚼两粒青豆，放出冬蝈蝈，嗅到青豆的味道，蝈蝈格外兴奋，捧定豆子大吃不已，于是才知道唯有青豆才是冬蝈蝈最喜欢的食物——这注定是遗传基因的影响，因为所有的蝈蝈，最爱栖身之处是豆子地。

> 字里行间都流露出作者对冬蝈蝈的喜爱。无论是喂食还是相处都让作者感到欣喜。画出这样的语句，感受一下作者的心情。

冬蝈蝈不是野蝈蝈，它是人工繁殖出来的虫儿，因此与人极亲近。每当我把它从葫芦里引出时，它都乐意趴在我的掌心，继而沿衣袖攀缘，从胳臂溜达到后背，它喜欢人体的温暖。有时受惊，偶一蹦跳，显得笨拙不堪，远没有野蝈蝈的迅敏机灵，可让人看着喜欢。

> 原来冬蝈蝈是人工繁殖出来的，难怪与人那么亲近。

这只冬蝈蝈似有灵性，一听到人的脚步声或开门声，就会起劲地鸣唱，提醒人们别忽略它的存在；如果将它置于怀中，你略一走动，它就会像受到唆(suō)使的狗一般叫起来，你若坐定，它也会轻声哼几下，如嘟囔几句什么似的，转身又进入温暖幽暗的葫芦里的梦境，一个只有昆虫自己才知道的梦境。

今年北京多雪，多雪的冬天，清新且寒冷，雪色簇拥中守定一只碧绿的蝈蝈，听它鸣吟，观它踽(jǔ)行，看它快乐地大吃青豆，继而在你身上如顽童般游走，你的心不由得会浮现绿色的春意。冬蝈蝈，春的使者！

阅读链接

蝈蝈，俗称“叫哥哥”，一种像蝗虫的昆虫，翅短，腹大。我国历来视蝈蝈为宠物，宋代开始畜养蝈蝈，明代时，从宫廷到民间，养蝈蝈已经较为普遍。我国国土幅员辽阔，南北温差大。南方春夏暖得早，首批蝈蝈在端午节就可以出现，称“夏叫”。而北方暖得晚，蝈蝈成虫时间也较晚，一般要到6月下旬或7月初才能听到“夏叫”。

寓言故事

寓言，就如同一个魔袋，里面有很多让你意想不到的小故事。这些故事读起来轻松有趣，又往往寄寓着意味深长的道理。

读寓言故事，先要读懂故事的主要内容，再联系生活中的人和事进行思考。这样，我们就可以更深入地理解故事中蕴含的道理了。

范文阅读

1 南辕北辙[1]

《战国策》

今者臣来，见人于大行[2]，方[3]北面而持其驾[4]，告臣曰：“吾欲之[5]楚。”臣曰：“君之楚，将奚(xī)为[6]北面？”曰：“吾马良。”臣曰：“马虽良，此非楚之路也。”曰：“吾用[7]多。”臣曰：“用虽多，此非楚之路也。”曰：“吾御者善[8]。”此数者愈善，而离楚愈远耳。

想去南方的楚国，却偏偏倚仗自己“马良”“用多”“御者善”而到北方去，岂不可笑！这则寓言故事告诉了我们什么道理呢？

注释

① 题目为后人所加。
② 大行：大路。
③ 方：正，正在。
④ 持其驾：拿着缰绳，驾着他的车子。
⑤ 之：到……去，往。
⑥ 奚为：为什么。
⑦ 用：资用，指路费。
⑧ 御者善：驾车人本领高。

今天我回来的时候，在大路上见到一个人，正朝北掌控车马前行，他跟我说："我要到楚国去。"我说："您去楚国，为什么往北走呢？"那人说："我的马好。"我说："马虽然好，但这不是去楚国的路啊。"那人说："我的路费多。"我说："路费虽然多，但这不是去楚国的路啊。"那人说："我的车夫驾车本领高。"这几个条件越优越，离楚国就会越来越远。

阅读链接

《战国策》是西汉刘向根据战国史书编写的，共33卷，497篇，是先秦历史散文成就最高、影响最大的著作之一。《战国策》擅长议论和叙事，善于描写人物，常用寓言阐述道理，著名的寓言有"画蛇添足""亡羊补牢""狐假虎威"等。

2 掩耳盗铃[1]

《吕氏春秋》

范氏之亡也，百姓有得钟者。欲负[2]而走，则钟大不可负；以椎(chuí)[3]毁之，钟况然有音。恐人闻之而夺己也，遽(jù)[4]掩其耳。恶(wù)[5]人闻之，可也；恶己自闻之，悖(bèi)[6]矣。

读完这个故事，你从中明白了什么道理？请你用上“自作聪明”“自欺欺人”“自作自受”这三个成语，把这个故事讲给同学或家人听听。

注释

① 题目为后人所加。
② 负：背着。
③ 椎：锤子。
④ 遽：急忙。
⑤ 恶：担心，害怕。
⑥ 悖：违背道理。

译文

晋国的大夫范氏出逃以后，有一个人从他家里偷了一口大钟。他想背着钟逃跑，可是钟太大了，背不动；于是他就想用锤子把钟砸碎，可刚一砸，钟就当当当地响起来。他生怕别人听到钟声来把钟夺走，就急忙把自己的耳朵紧紧捂住。害怕别人听到钟的声音，这是可以理解的；但捂住自己的耳朵就以为别人也听不到声音了，这实在是太荒谬了。

③ 云雀明白了

段明贵

云雀见麻雀整天在树枝上跳来跳去，就问：“麻雀阿姨，你为什么不飞得高一点呢？”

“斜着眼睛瞄了他一眼”表现出麻雀骄傲、瞧不起人的神情。

麻雀斜着眼睛瞄（miáo）了他一眼，说：“难道我飞得还不高吗？你瞧瞧公鸡！”

“公鸡伯伯，你为什么不飞得高一点呢？”

哪些句子写出了公鸡的骄傲、鹌鹑的得意？画一画，演一演。

公鸡骄傲地在房顶上迈着八字步，反问：“难道我飞得还不高吗？你瞧瞧鹌鹑（ān chún）！”

“你为什么不能飞得高一点呢，鹌鹑姐姐？”

鹌鹑奋力从草尖上飞过，得意地对云雀说：“难道我飞得还不高吗？你瞧瞧癞（lài）蛤蟆！”

后来，云雀遇见雄鹰，便向雄鹰请教：“雄鹰叔叔，你为什么飞得那么高呢？”

“不，不，”雄鹰谦虚地说，“离蓝天，我还差得远呢！”

“啊，我明白了。”云雀眨眨眼睛想，“谁如果想展翅高飞，就不能把目标定得太低；如果眼睛只盯在树冠以下，那就永远不可能在蓝天白云间翱翔。”

云雀“明白了”，你明白了吗？联系生活中的人和事，说说自己的理解吧。

④ 爱自夸的牛

厉剑童

想象一下这头牛到处宣扬时的神态、动作和语言。

一头牛耕了一小块地之后便沾沾自喜，以为自己了不起。于是他便停下来到处宣扬，说自己耕了多大一块地，出了多少力，流了多少汗。

同伴们听了都很钦佩他。这头牛听到别人的赞美非常高兴，完全忘记了自己原本是一头耕牛。

日子久了，同伴们听得多了，也就不再赞扬他了。耕牛很懊(ào)恼，没有了宣扬的兴趣，慢腾腾地往家走。

途中，耕牛经过一块长满杂草无法耕种的土地。看到满地的荒草，耕牛非常生气，说："谁家的牛这么懒惰，让草长满了田地。若我是主人，非狠狠地揍他们一顿不可！"

话音刚落，一只蚂蚁爬过来，接着话茬(chá)儿说：“老兄，你好健忘，这是你负责的那块土地啊！”

耕牛吃了一惊，愣了愣，红着脸低下了头。

从“红着脸低下了头”可以看出耕牛认识到了自己的错误。

阅读链接

寓言是文学的体裁之一，它常常运用比喻、夸张、象征等手法说明意味深长的道理。中国民间寓言极为丰富，如《揠苗助长》《自相矛盾》《郑人买履》《守株待兔》等，无不闪耀着人民的智慧光芒。世界各国的优秀寓言也有很多，如《伊索寓言》《克雷洛夫寓言》《拉·封丹寓言》等。

⑤ 野山羊和牧人

[古希腊] 伊索

牧人把一群山羊赶去草地放牧。他看见羊群里混进了一些野山羊，傍晚时他便把那些羊一起都赶进了自己的山洞。

对待自己的羊和外来的羊为什么有如此大的差异？快接着往下读一读吧。

第二天刮起了狂风，下起了暴雨，牧人无法把羊群赶往惯常放牧的草地，只好在山洞里喂养他们。他给自己的羊只是适量的草料，仅使他们不至于挨饿，而给那些外来的羊却要多得多，想这样能使他们跟随他。

风雨停息后，他把羊一起赶往草地，那些野山羊爬上山后便跑了。牧羊人责备他们忘恩负义，尽管他们得到特殊的照料，却仍弃他而去。

那些野山羊回过头来说道："我们正是因为这一点才更加要防备你，因为你对我们这些昨天才跟随你的山羊照顾得比对你原有的那些羊还要好，所以很明显，要是再有其他山羊来到你这里，你照顾他们又会胜过照顾我们了。”

（王焕生　译）

野山羊为什么跑了？这则寓言给了你怎样的启示？

阅读链接

《伊索寓言》是古希腊民间流传的寓言故事集，内容大多与动物有关。其中每则故事都蕴含哲理，或抒发人生领悟，或总结日常生活经验等，是世界上传播最广的寓言作品之一。

⑥ 牛和苍蝇

[古希腊]伊索

有只苍蝇一次落在弯弯的牛角上，在那里徘徊(pái huái)了一会儿，营营地对牛说道："我如果使你的脖子发沉，我就离去，离开这里，落到河边的一棵黑杨上。"牛回答道："你无论留下或是离去，都与我无干，我都不知道你的到来。"

苍蝇对于牛来说，实在是微不足道，又何必自高自大呢！

（令人可笑的是有的人在强者面前毫无值得吹嘘之处，他却把自己当强者。）

（王焕生　译）

7 狐狸和葡萄

[俄国] 克雷洛夫

一只饥饿的狐狸溜进果园，
那儿一串串葡萄红艳又水灵，
直看得狐狸垂涎欲滴。
那葡萄好像宝石一般玲珑晶莹，
糟的是全都高不可及：
不管狐狸怎样东绕西转，伸腰跷脚，
却总是看得见，吃不到嘴里。
白白折腾了整整一个小时，
到头来只好夹着尾巴溜去，
它懊丧地唠叨："去它的！
别看它长得挺好，
青溜溜的，都是些没熟透的野果子，
尝上一口准会酸倒牙齿。"

（朱宪生　邱静娟　译）

如果换一种动物，它看到葡萄，会不会这么想？

8 鹰和蜜蜂

［俄国］克雷洛夫

文章一开始，作者就表达了自己的观点，认为那些默默无闻、辛勤劳动的人更值得尊敬。

谁一旦成为名人，
仅这一点就使他具有威力，
全世界的人都能看到他的功绩。
但是另一种人更值得尊敬，
他默默无闻，辛勤劳动，失掉安宁，
他不贪图荣誉，不追求虚名，
有一个信念在鼓舞着他，
那就是为公共利益劳动终生。

有一天鹰看见蜜蜂在花丛里忙碌工作，
就带着鄙夷的口气对蜜蜂说：
“你呀，可怜的蜜蜂，
我为你惋惜，惋惜你的劳动和本领！
你们成千上万，整个夏天都在筑

蜂房，

可是对你们的工作，又有谁来赏识和嘉奖？

老实说，我就不理解你们的兴趣：

辛勤一辈子，究竟为着什么目的？……

到头来还不是和大家一样，无声无息死去！

我们之间的差别好比天空和大地！

我展开呼啸的翅膀，

在白云之下翱翔，

到处散布恐惧和惊慌：

飞禽不敢从地上起飞，

牧人守护着大片羊群不敢打盹，

矫健的扁角鹿看见我，也不敢露面。”

蜜蜂回答说：

“愿你永远享受赞美和荣誉！

愿老天爷继续赐福于你！

而我生来只知道为公众利益做事，

不求对我的工作进行奖励，

鹰追求的是得到“赏识和嘉奖”，而下文中蜜蜂追求的却是“酿造的哪怕是一滴蜂蜜”，从这样的对比中，高下显而易见。

有些人既不追求荣誉，也不贪图功名，而是一心只想着为大众的利益而劳动，其实他们是最值得尊敬的。读完这则寓言，说说你的理解吧。

我唯一的安慰，就是能看到在蜂房中，

有我酿造的哪怕是一滴蜂蜜。”

（朱宪生　邱静娟　译）

阅读链接

克雷洛夫在写作上非常认真，他经常把作品朗诵给朋友们听，然后听取他们的意见，并不断修改。正是他的精益求精为他赢得了世界范围内的巨大声誉，大文学家果戈理曾经赞美，克雷洛夫在寓言这条“最不引人注目的狭窄小路上，追赶过所有其他的人，就像一棵雄伟的大橡树，长得超过整座丛林一般”。

通过“范文阅读”你是否发现，在寓言故事中，主角有的是人，有的是动物，还有的是植物或其他事物。但寓言故事都有一个共同的特点，篇幅短小，情节有趣精彩，不仅给人以美的享受，还蕴含着深刻的哲理，给人以智慧。阅读下面四篇寓言故事，想一想：故事中的主人公又会给你留下怎样的印象？又让你明白了什么道理呢？

1 鹰和云雀

[黎巴嫩] 纪伯伦

一只鹰和一只云雀在一座高山的一块岩石上相遇。云雀说：“祝您早安，先生。”鹰鄙夷地瞧着云雀，有气无力地说道：“早晨好。”

云雀说：“我祝愿您万事大吉，先生。”

“是啊，”鹰说，“我们是万事大吉大利。可你要知道，我们是众鸟之王，我们还没有开口，你就不应该先招呼我们。”

云雀说：“我以为咱们是属于同一个家族的哩。”

鹰以鄙夷的神色瞧着云雀，说道：“究竟谁说过你和我是属于同一个家族的？”

于是云雀答道：“不过，我倒要提醒你这一点：我能飞翔得同你一样高，我还能唱歌，给大地上其他生物以乐趣。而你既不给人愉快，又不给人乐趣。”

这话触怒了鹰，他说：“愉快和乐趣！你这放肆(sì)的小东西胡扯些什么！你的身材不过我的一只脚那么大。只要我的嘴巴一啄，就能结束你的性命。”

于是云雀飞起来，扑在鹰的背脊(jǐ)上，啄起鹰的羽毛来了。这可大大激怒了鹰，他快飞高翔，想借此甩掉那只小鸟。然而他失败了，怎么也甩不掉。他终于又落在高山的那块岩石上，小东西可依旧扑在他的背脊上，他越发愤怒，咒骂着这倒霉的时辰。

此时此刻有一只小乌龟经过，对着眼前的景象哈哈大笑，她笑得前仰后合，几乎要翻身摔倒。

鹰瞧不起小乌龟，说道：“你这慢慢爬行的东西，你这永远爬在土地上的东西，你笑什么？”

于是乌龟答道：“哎，我看见你变成了一匹马，让一只小鸟骑在你身上，不过那小鸟倒是只比你高明的鸟。”

鹰对乌龟说道："你少管闲事，忙你自己的事去吧。这是我和我的兄弟云雀之间的家务事儿。"

（吴岩　译）

② 两只蚂蚁

凡　夫

非常不幸，两只蚂蚁误入玻璃杯中。

他们慌慌张张地在玻璃杯底四处触探，想寻找一个缝隙爬出去。不一会儿，他们便发现，这根本不可能。于是，他们开始沿着杯壁向上攀登。看来，这是通向自由的唯一的路。

然而，玻璃的表面实在太光滑了，他们刚爬了两步，便重重地跌了下去。

他们揉揉摔疼了的身体，爬起来，再次往上攀登。很快，他们又重重地跌到杯底。

三次、四次、五次……有一次眼看就要爬到杯口，可惜，最后一步却失败了，而且，这一次比哪次都摔得重，比哪次都摔得疼。

好半天，他们才喘过气来。一只蚂蚁一边揉着屁股，一边说："咱们不能再冒险了。否则，会摔得粉身碎骨的！"

另一只蚂蚁说："刚才，咱们离胜利不只差一步了吗？”说罢，他又重新开始攀登。

一次又一次跌倒，一次又一次攀登，他到底摸到了杯口的边缘，用最后一点力气，翻过了这道透明的围墙。

隔着玻璃，杯子里的蚂蚁既羡慕又嫉妒地问：“快告诉我，你获得成功的秘诀是什么？”

杯子外边的蚂蚁回答：“接近成功的时候可能最困难。谁在最困难的时候也不丧失信心，谁就可能赢得胜利。”

③ 猫的礼物

段明贵

当初，老虎是动物中最孱(chán)弱最没有本事的一个。因为捉不到猎物，他常常连饭都吃不上，饿得眼看连路都走不动了。

狮王把百兽都召(zhào)集起来，说："老虎是我们中的一员，咱们不能眼睁睁地看着他饿肚子不管不问。我建议，大家都伸出友谊之手，拉他一把，帮他渡过难关。"

当天，动物们都给老虎送来了好吃的东西，唯有猫什么东西也没有送。

狮王不悦地对猫说："连野兔都送来一棵白菜哩，你怎么好意思空着手来呢？"

猫说："你们送给他的东西虽然很多，但总有一天会吃完的，我要送给他一件永远吃不完的礼物。"

狮王揶揄(yé yú)地说："得了吧，你除了能送几只老鼠外，还能送什么呢？"

猫回答说："以后你会看到的。"

几个月以后，狮王又来到老虎家，里里外外一看，好家伙！到处都挂着好吃的东西。

狮王问：“这些东西都是猫送的？”

“不，”老虎说，“他送的礼物要比这些贵重千万倍！”

狮王问：“那究竟是什么东西？”

老虎说：“他教我练壮了身体，又教我学会了捕食的本领。”

“噢！”狮王以审视的目光从头到尾把老虎打量了一番，说，“难怪你那么崇拜他呢，连衣服也和他穿的一模一样！”

④ 小老鼠立志

凡　夫

小老鼠向动物们夸下海口：“诸位，我已立下了一个远大的志向——攀登珠穆朗玛峰，成为第一个登上世界最高峰的老鼠。”

“哈哈哈……”

“嘻嘻嘻……”

动物们忍俊不禁，发出了一片讥笑声。

“怎么，你们不相信？”小老鼠愤慨地说，“总有一天，你们会看见我站在珠穆朗玛峰顶上向你们招手的！”

打这天起，小老鼠便托着腮帮子想呀想，想找到一个攀登珠穆朗玛峰的办法。

一朵白云从天边冉冉飘来，又向珠穆朗玛峰悠悠飘去。小老鼠想，我如果能驾白云，登上珠穆朗玛峰一定没问题。

风吹着口哨跑过来，呼啦啦向珠穆朗玛峰奔过去。

小老鼠想，风要是乐于帮忙，我的志向保准能实现。

一弯月牙高高地悬在星空，像小船一样飘呀飘。小老鼠想，我要能搭乘这只小船该多好！双手握着桨，轻轻地摇呀摇，一会儿就摇到珠穆朗玛峰顶上去了。

小老鼠不停地想呀想，好主意想出了一个又一个，一直到胡子老长老长，也没向珠穆朗玛峰攀登一步。

“小老鼠，你为什么没有攀上珠穆朗玛峰呢？”

“小老鼠，我们等着看你站在珠穆朗玛峰顶上向我们招手呢！”

“小老鼠，你什么时候能实现自己的远大志向？”

其他动物见了小老鼠就问。

小老鼠满面通红，无言回答。

从这以后，小老鼠再也不好意思跑出来了，只好等人们都睡觉了，才悄悄地溜出来找点儿东西吃。

阅读实践

阅读四篇寓言故事，根据提示完成下面的表格。

文章题目	明白的寓意	对应的句子
《鹰和云雀》		
《两只蚂蚁》		
《猫的礼物》		
《小老鼠立志》		

下面的说法，你赞成哪一种？请说明理由。

观点一	课文	观点二
强大的鹰可以很轻松地结束云雀的性命。	《鹰和云雀》	只要发挥自己的优势，弱小的云雀也能够战胜强大的鹰。
谁在最困难的时候不丧失信心，谁就可能赢得胜利。	《两只蚂蚁》	遇到困难时不要冒险，该放弃的时候就放弃。
送给老虎礼物，不如教给他捕食的本领。	《猫的礼物》	只要百兽来帮助老虎，他不需要捕食也能有永远也吃不完的食物。
小老鼠只要靠着自己一个又一个好主意，就能登上珠穆朗玛峰。	《小老鼠立志》	小老鼠只靠自己一个又一个好主意，永远也不可能登上珠穆朗玛峰。

选择一个你最喜欢的故事，改编成课本剧，然后和同学一起演一演吧！

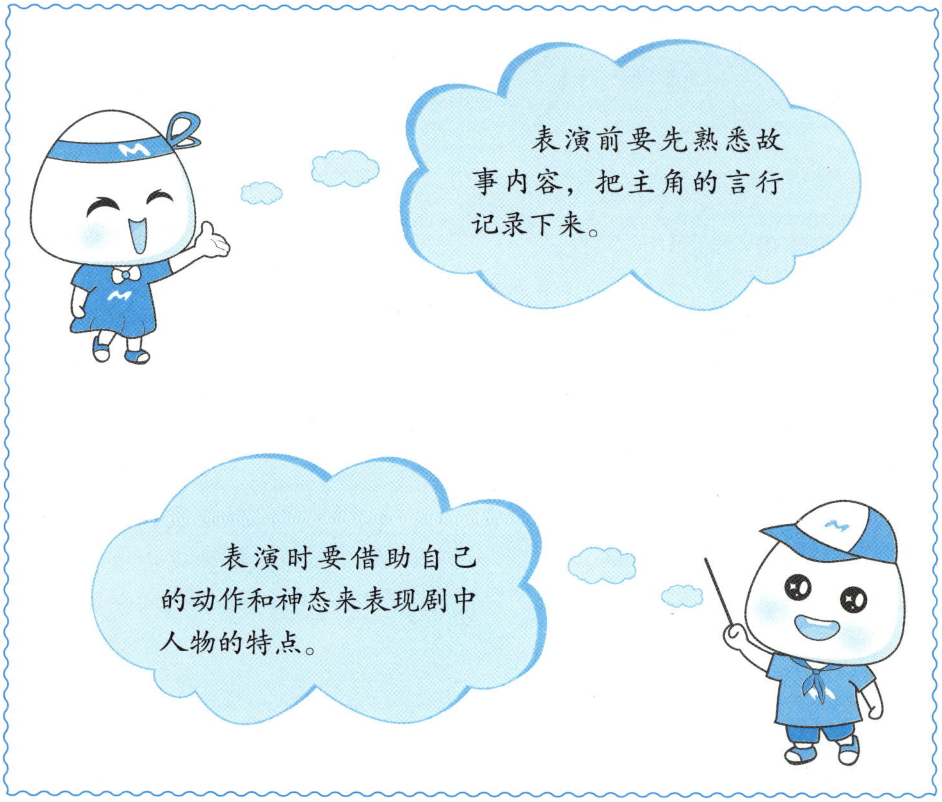

表演前要先熟悉故事内容，把主角的言行记录下来。

表演时要借助自己的动作和神态来表现剧中人物的特点。

自由阅读

1 杞人忧天

《列子》

杞国有人忧天地崩坠，身亡[1]所寄，废寝食者。又有忧彼之所忧者，因往晓之，曰："天，积气[2]耳，亡处亡气。若屈伸呼吸，终日在天中行止，奈何忧崩坠乎？"

其人曰："天果积气，日月星宿，不当坠耶？"晓之者曰："日月星宿，亦积气中之有光耀者，只使[3]坠，亦不能有所中伤。"其人曰："奈地坏何？"晓之者曰："地，积块[4]耳，充塞四虚[5]，亡处亡块。若躇步跐蹈[6]，终日在地上行止，奈何忧其坏？"其人舍然[7]大喜，晓之者亦舍然大喜。

借助注释及译文读懂这个故事。这个故事旨在告诫人们不要为一些不切实际的事情而忧愁。结合生活实际谈谈你的理解吧。

注释

① 亡：无，没有。
② 积气：积聚的气体。
③ 只使：即使。
④ 积块：堆积的土块。
⑤ 四虚：四处，到处。
⑥ 躇步跐蹈：站立行走，奔跑跳跃。躇，立。跐，踩。蹈，顿足、跳跃。
⑦ 舍然：释然，放心的样子。

杞国有个人担心天地会崩塌，自己没有地方躲藏，于是睡不着吃不下。又有个人为这个杞国人的忧愁而担心，就去劝导他，说："天不过是积聚的气体罢了，没有哪个地方是没有空气的。你伸展身体、俯仰呼吸，整天都在空气中进行，为什么还担心天会塌下来呢？"

那人说："天如果是积聚的气体，那么太阳、月亮、星星不就会掉下来吗？"劝导他的人说："太阳、月亮、星星只是积聚的气体中有光耀的一部分，即使掉下来，也不会伤害到谁。"那人又说："如果地陷下去了怎么办？"劝导他的人说："地，不过是堆积的土块罢了，它填满了四处，没有哪个地方是没有土块的。你的行走、跳跃，整天都在地上进行，为什么还担心地会陷下去呢？"那个杞国人听后才放下心来，很开心，劝导他的人也放下心来，很开心。

2 一叶障[1]目

《笑林》

楚人居贫[2]，读《淮南方》[3]：“得螳螂伺(sì)[4]蝉自障叶，可以隐形。”遂于树下仰取叶。螳螂执叶伺蝉，以摘之，叶落树下。树下先有落叶，不能复分别，扫取数斗归，一一以叶自障，问其妻曰：“汝见我否？”妻始时恒答言“见”，经日乃厌倦不堪，绐(dài)[5]云：“不见。”默然大喜，赍(jī)[6]叶入市，对面取人物，吏[7]遂缚(fù)[8]诣(yì)[9]县[10]。县官受辞[11]，自说本末。官大笑，放而不治。

用喜欢的方式读读这则寓言，并讲给同学听听。

注释

① 障：遮蔽。

② 居贫：生活贫困。

③ 《淮南方》：书名，又名《淮南鸿宝方》，汉淮南王刘安撰。

④ 伺：偷视。

⑤ 绐：欺骗，哄骗。

⑥ 赍：携带。

⑦ 吏：古代的官员，这里指差役。
⑧ 缚：捆绑。
⑨ 诣：前往，去到。
⑩ 县：县衙门。
⑪ 受辞：听取供词。

译文

楚国有一个人，家境贫寒。有一天，他读《淮南方》这部书时，看到书上有这样的记载："螳螂在捕蝉时用树叶遮住自己的身体，其他小昆虫就看不见它了。"于是他跑到一棵树下抬头仰望，希望找到那片螳螂捕蝉时用来遮蔽自己的树叶。他偶然发现一片树叶下面藏着一只螳螂，就伸手摘下来，不料一失手，那片树叶竟飘落在地上。树下原本就有落叶，众多的树叶混在一起，再也无法辨认出哪一片叶子是刚摘的，于是，他索性将落叶全部扫起，收了足足好几斗才回家。回家后，他拿着一片一片的树叶来遮住自己的眼睛，还不时地问妻子："你看得见我吗？"开始时，妻子总是实事求是地说"能看见"。后来，折腾了一整天，妻子被闹得哭笑不得，同时也疲倦不堪，就骗他说："看不见了！"这人一听心里暗暗高兴，急忙将那片树叶揣在怀里跑到街上去。到了闹市里，他举着树叶，旁若无人地当面拿别人的东西。结果，他被官差当场抓住，押送县衙门。县官审问他的时候，他老老实实地叙述了事情的经过。县官听了大笑不止，把他给放了，没治他的罪。

3 买椟还珠

《韩非子》

楚人有卖其珠于郑者，为木兰[①]之柜[②]，薰以桂椒[③]，缀以珠玉，饰以玫瑰[④]，辑[⑤]以翡翠。郑人买其椟而还其珠。此可谓善卖椟矣，未可谓善鬻(yù)[⑥]珠也。

注 释

① 木兰：一种香木。
② 柜：这里指匣子。
③ 桂椒：桂和椒，是两种香料，都有特殊的香味。
④ 玫瑰：美玉。
⑤ 辑：连缀。
⑥ 鬻：卖。

有一个楚国人在郑国卖珍珠，他用木兰做了一个匣子，又将小木匣用桂和椒熏染，用珠玉点缀，用美玉装饰，用翡翠连缀。郑国人买了他的匣子而把珍珠还给了他。这可以说他善于卖匣子，但不能说是善于卖珍珠。

4 丑女效颦（pín）[①]

《庄子》

西施病心而颦其里[②]，其里之丑人见而美之[③]，归亦捧心而颦其里。其里之富人见之，坚[④]闭门而不出；贫人见之，挈（qiè）[⑤]妻子[⑥]而去之走。彼知颦美，而不知颦之所以美。

注 释

① 效颦：模仿皱眉头。效，效仿。
② 其里：同一个村里；同一个乡里。
③ 美之：以之为美，认为她的样子很美。
④ 坚：紧紧地。
⑤ 挈：本义是用手提着，在此处是带领的意思。
⑥ 妻子：妻子和儿女。

西施因为心口疼痛便皱着眉头在村里行走，村里一个丑女看见了，认为西施这样皱着眉头很美，回去后也在大家面前捂着胸口皱着眉头。村里有钱人看见了，紧闭家门而不出；贫穷的人看见了，带着妻儿远远地跑开了。那个丑女人只看到西施皱着眉头好看，却不知道人家皱着眉头好看的原因。

⑤ 大眼筛子和小眼筛子

马瑞麟

两把筛子在一起筛面粉，
白白的面粉在筛下落纷纷。
小眼筛子筛的面粉不算很多，
大眼筛子筛的面粉多得惊人。

筛得少的筛子默默不语，
筛得多的筛子大眼圆睁：
“你比起我来就是很差，
筛面嘛，你还没入门！”

大眼筛子唾(tuò)沫星子飞满一屋，
小眼筛子站在一旁毫不吭声。
磨坊主人这时走进屋来，
拿出两个袋子进行评论。
大眼筛子筛的面粉装进粗布袋里，

从这些画线句中，你能感受到两个筛子的性格有什么不同吗？

细布袋里装进小眼筛子筛下的面粉。
眼前景象气坏大眼筛子，
火冒三丈就向磨坊主人质问：

bāo biǎn
“褒它贬我为了什么？
这种做法太不公正！”
磨坊主人微微一笑，
不紧不慢鼻子一哼：

“粗面只配装进粗布袋里，
细面就该放进细布袋里保存。
只讲数量不讲质量，
那种做法未免太蠢！”

故事读完了，你明白了什么道理？和同学分享一下吧。

⑥ 得到金子的喜鹊

马晋乾

喜鹊得到一枚赤金耳环，
小巧玲珑，金光灿灿；
他觉得自己多么幸福，
得到这般贵重财产！

作者把赤金耳环描写得真生动，难怪喜鹊觉得自己幸福呢！

从此他只怕把金子失去，
——那将是一场多大的灾难！
于是，日日夜夜守在窝里，
每时每刻心惊胆战。

朋友黄鹂从远处飞来，
在他身边欢乐地鸣啭。
发现他总是守在窝里，
缩着身子，愁眉不展。

黄鹂心里非常不安，
久久守在喜鹊身边：
“为什么不再伴我唱歌，
难道对我有什么意见？”

喜鹊惊慌地望着黄鹂，
只怕金子被对方发现：
“没、没、没”地连声表白，
还催黄鹂快快飞远。

黄鹂见他这样古怪，
变得对歌声毫无情感；
于是，气冲冲地从他身边离开，
飞向远处绿柳丛间……

往日相思鸟夫妻觅食，
常与喜鹊在枝头相伴；
如今他俩再不见他，
便来窝边把喜鹊探看。

他俩见喜鹊愁眉不展，
照样关切地问寒问暖：
“是不是身体不太舒适？
我们搬来把你照看……”

喜鹊惊慌地缩着身子，
只怕他俩把金子发现：
“没、没、没”地连声表白，
不准相思鸟在他眼前。

相思鸟见他这样古怪，
变得对朋友毫无情感；
气冲冲地从他身边离开，
飞到山下竹林里面……

以后，白头翁、冰鸡儿都曾来看他，
都被他这样一一驱赶。
他虽然守着发光的金子，
生命的光泽却愈来愈暗。

他不再有朋友，不再有歌声，
只有痛苦在把他纠缠。
他终于抱着金子死了，
金子却没有随他腐烂……

读到这里，你明白了什么道理？

阅读链接

相思鸟羽毛华丽，姿态优美，鸣声悦耳，颇受人们喜爱。雌雄鸟经常形影不离，对伴侣极其忠诚，如果其中一只鸟遇到不幸，另一只便会长久地在它周围来回飞翔，并发出哀婉的鸣叫声，因此，人们将这种鸟称为相思鸟。

⑦ 知了和蚂蚁

[法国] 拉·封丹

知了高唱了一夏天，
北风一送来秋凉，
她就闹了饥荒。
没有储存一点点苍蝇或者虫肉干。
肚子饿得咕咕叫，
只好去找找邻里蚂蚁嫂。
求她帮帮忙，
借点活命粮，
熬到明年下新粮。
“我会还的，”知了说道，
“八月之前，连本带利少不了，
我用动物的诚信来担保。”
蚂蚁有个小缺点：
助人借物不情愿。
“天热的时候你在干什么？”

蚂蚁问这个求借者。
“谁来我都给唱歌，
别见怪，不管白天与黑夜。”
“你总唱歌？那很好啊，
喏，现在你就跳舞吧。”

（李玉民　译）

阅读链接

拉·封丹是欧洲著名的寓言作家之一。他出生于法国，幼年在农村度过，对大自然兴趣浓厚。拉·封丹一生写过众多体裁的作品，但以《寓言诗》的成就最为突出。拉·封丹说他的《寓言诗》是一部“巨型喜剧”，这部喜剧里反映了17世纪法国社会的历史现实。

8 竹竿与篾绳

马达

在一条两山夹峙(zhì)的山溪中，几只竹排正顺流而下。放排人撑着篙(gāo)子，左点右撑，在急流险滩中穿行。

一只竹排中的竹竿对捆扎竹排的篾绳说：“咱们本是一母所生的亲兄弟，你干吗狠心把我们捆扎得这么紧呢？求你高抬贵手，还我自由吧！”

篾绳说：“兄弟，我这样做，正是为了帮助你奔向广阔的天地呀！这点约束都受不了，怎么能成材呢？”

竹竿使出全身的力气挣(zhēng)扎着呼喊着，终于挣(zhèng)断了篾绳。它发出欢呼离开竹排，像野马似的奔驰。可它在溪流拐弯的地方碰上一块大岩石，“咔嚓”一声折成了几段，然后又被溪边的杂草树枝绊住，一步也走不动了。这根断了脊梁骨的竹竿看着千百只竹排从自己的身边掠过去，发出一声声沉重的叹息。

体会竹竿从“欢呼”到“叹息”的心理变化。

9 城鼠与田鼠

[法国] 拉·封丹

从前城里的老鼠
请来田鼠用餐，
招待很合礼数，
品尝残羹剩饭。

土耳其地毯上，
已经摆好餐具。
我让读者去想象
两位朋友的宴席。

想象一下两位朋友的宴席吧。

佳肴特别丰盛，
美味一样不少，
吃得正在高兴，
突然有人来打扰。

就在客厅门口，
他们听见声响，
城鼠拔腿就走，
田鼠也紧紧跟上。

声响停止人走掉，
逃遁者又立刻露面，
城鼠对客人说道：
“快把烤肉吃完。”

“算了吧。”田鼠回答，
“不是夸口比高低，
明天还请到舍下，
您的宴请不稀奇；

我家绝无人出入，
从容用餐不用怕，
提心吊胆享口福，
这种乐趣算了吧！”

看来城鼠提心吊胆的生活不足以吸引田鼠，相比之下，田鼠更喜欢自由的生活。

（李玉民　译）

⑩ 狼与狗

[法国]拉·封丹

一匹狼饿成了皮包骨，
只因家犬严严守住门户。
这匹狼遇见一只大狗，
大狗不小心迷了路：
他又英俊又强壮，
又肥胖，皮毛又光亮。
狼真想袭击这只丧家犬，
恨不能将他撕成碎片。
但是这难免一场厮杀，
而牧犬个头儿又那么大，
肯定要奋力抵抗。
狼大人只好上前耍花腔，
低首下心地恭维几句，
说狗长得富态令他艳羡不已。
牧犬一听心下喜欢：

“尊敬的先生，要像我这样胖，
这完全取决于您的意愿；
离开树林吧，您会大不一样。
您的同胞在林中多悲惨，
又笨又懒，过着穷日子，
一个个全是穷光蛋，
那种生活只能等饿死。
只因毫无保障，没人供吃喝，
一切全得靠武力抢夺。
跟我走吧，您能过上美好生活。”
狼就问道：“让我干什么？”
狗回答：“几乎什么也不必干，
就是赶一赶拿棍子行乞的人，
迎合家里人，讨主人的欢心；
您也就能相应地拿到工钱，
也就是说吃到各种残羹剩饭：
小鸡骨头，还有鸽子骨头，
还不算能得到多少爱抚。”
狼已开始憧憬这种幸福生活，
激动得流下了眼泪。

狗选择的是投靠主人，讨好主人，从而获得丰衣足食。

行走间狼发现狗颈的毛全脱落，
就问他：“这是怎么回事？”
“没什么。”“怎么就没什么？”
“这种事也不值一提。”
“那究竟是什么事？”
“您瞧见的这个部位，
也许是我戴的项圈磨的。”
“戴项圈？”狼又问道，
“您就不能随便跑？”
“不能总乱跑，可是这有什么关系？”
“关系大了，您所有那些饭食，
说什么我也不想要，
即使换取一件珍宝，
以这种代价我也不干。”
狼先生说罢撒腿就跑掉，
至今他还是一个流浪汉。

狼渴望自由，不想过和狗一样的日子。你怎样看待狼和狗的不同选择？

（李玉民　译）

⑪ 玫瑰树根

［智利］米斯特拉尔

地下同地上一样，有生命，有一群懂得爱和憎的生物。

那里有黢黑的蠕虫，黑色绳索似的植物根，颤动的亚麻纤维似的地下水的细流。

据说还有别的：身材比晚香玉高不了多少的土地神，满脸胡子，弯腰曲背。

有一天，细流遇到玫瑰树根，说了下面的一番话：

“树根邻居，像你这么丑的，我还从来没有见过呢。谁见了你都会说，准是一只猴子把它的长尾巴插在地里，扔下不管，径自走了。看来你想模仿蚯蚓，但是没有学会它优美圆润的动作，只学会了喝我的蓝色汁液。我一碰上你，就被你喝掉一半。丑八怪，你说，你这是干什么？”

卑贱的树根说：

“不错，细流兄弟，在你眼里我当然没有好模样。

长期和泥土接触，使我浑身灰褐；过度劳累，使我变了形，正如变形的工人胳臂一样。我也是工人，我替我身体见到阳光的延伸部分干活。我从你那里吸取了汁液，就是输送给她的，让她新鲜娇艳；你离开以后，我就到远处去寻觅维持生命的汁液。细流兄弟，总有一天，你会到阳光照耀的地方。那时候，你去看看我在日光下的部分是多么美丽。”

细流并不相信，但是出于谨慎，没有作声，暗忖道：等着瞧吧。

当他颤动的身躯逐渐长大了，到了亮光下时，他干的第一件事就是去寻找树根所说的延伸部分。

细流长大后看到了什么？联系上下文，说说此时的流水会怎么想。

天哪！他看到了什么呀。

到处是一派明媚的春光，树根扎下去的地方，一株玫瑰把土地装点得格外美丽。

沉甸甸的花朵挂在枝条上，在空气中散发着甜香和一种幽秘的魅力。

成渠的流水沉思地流过鲜花盛开的草地：

“天哪，想不到丑陋的树根竟然延伸出美丽……”

（雷怡　译）

⑫ 狐狸和伐木人

[古希腊] 伊索

狐狸躲避猎人，看见一个伐木人，便请求伐木人把他藏起来。伐木人叫狐狸到他的棚屋里躲藏。

过了不久，猎人们赶来了，询问伐木人，有没有看见狐狸从这里过去。伐木人嘴里说没有看见，同时却打手势，表示狐狸藏在哪里。猎人们没有在意伐木人向他们打的手势，却相信了对他们说的话。

狐狸见猎人们走远了，便从棚屋里走了出来，连招呼都不打，就要离开。伐木人责备狐狸，说他救了狐狸的命，狐狸却连声谢都不道。

狐狸说道："若是你的手势也像你说的话那样，我就感谢你了。"

狐狸为什么不感谢伐木人？你明白了什么道理？

（王焕生　译）

⑬ 肚胀的狐狸

［古希腊］伊索

一只狐狸正饿着，看见橡树洞里有牧人留下的面包和肉，就爬进去把它们都吃了。

他的肚子胀大后，出不了洞，叹息着伤心起来。

另一只狐狸从旁边经过，听见他的叹息声，便走过去探问原因。这只狐狸明白真相后，对那只狐狸说道：

“你就待在里面吧，等你恢复到进去时的样子，你就会很容易出来了。”

（王焕生　译）

⑭ 松鼠、田鼠换尾巴

马　达

松鼠在森林边缘碰见田鼠，它们攀谈了起来。

田鼠说："松鼠大哥，我真羡慕您，您那大尾巴蓬蓬松松的，真漂亮，真有绅士风度！我的尾巴又细又短，简直见不得人，我要是有您那样的尾巴就好了！"

这里通过对比，表现出了田鼠对松鼠的羡慕。

松鼠说："尾巴大，有什么好？臃(yōng)臃肿肿的，不过是累赘(léi zhuì)罢了。老弟你的尾巴，小巧玲珑，灵活方便。我要是有你那样的尾巴就好了！"

两位好朋友决定，立即交换尾巴。交换尾巴以后，松鼠利索地爬上了松树，它像往常一样，跳跃着去采摘松果，可因为失去了大尾巴的平衡，摔落在地上。一天之内，竟摔下十几次。

田鼠换到了大尾巴，看个没够，不知不觉天黑下来了，冷不防猫头鹰向它扑了过来，它向洞里钻进去，身子进去了，可尾巴太大，留了一小截在外面，被猫头鹰咬断了。

第二天，两位好朋友见面，谈了交换尾巴以后的遭遇，各自换回了自己原来的尾巴。

适合自己的，才是最好的。

日积月累

有勇气做真正的自己，单独屹立，不要想做别人。

——林语堂

信心是命运的主宰。

——海伦·凯勒

自信是成功的第一秘诀。

——爱默生

⑮ 狗和他的影子

[古希腊]伊索

有条狗一次从厨房里偷得一块肉，来到河边，看见河水里映着一块肉，觉得那块肉比他嘴里叼着的要大，便放掉了这一块，向那块肉扑去。结果他没得到那块肉，又失去这一块，只好饿着肚子离开河边回家去。

（贪得无厌之人的生活不会幸福，他们在徒然的期望中追逐利益过日子。）

（王焕生　译）

《克雷洛夫寓言》

[俄国]克雷洛夫

《克雷洛夫寓言》是一部风靡世界的寓言集。其内容既有对俄国自然风光的描写，又有对古朴淳厚的风土人情的叙述，它还塑造了众多的形象，有的揭露了统治者及其帮凶的罪行，如《狼和小羊》中的狼、《大象和哈巴狗》中的哈巴狗；有的歌颂了劳动者的勤劳、公正、无私等优秀品质，树立了值得讴歌的正面形象，如《狼落狗舍》中的猎狗。整本书充满了浓郁的俄国生活气息，深受人们的喜爱。

内容梗概

《克雷洛夫寓言》一书收集了克雷洛夫创作的206篇寓言。这些寓言都以诗体写成，语言简洁生动，幽默风趣。每个故事中都有性格鲜明的主角，有飞禽走兽，也有花鸟虫鱼。克雷洛夫让自然界的生物扮演了不同的角色，用优美的语言、深刻的寓意来刻画社会上各种人物的复杂性格，反映了广泛的社会生活。在寓言中，克雷洛夫还运用和提炼了大量反映俄国人民智慧的童话和谚语，而他的一些警句又反过来变成了新的谚语在人民中间传诵，这对俄国文学和语言发展产生了一定的影响。

克雷洛夫（1769—1844），俄国著名的寓言作家。他出身

于贫穷的步兵上尉家庭。童年的克雷洛夫除了读书，还学会了意大利文、小提琴和绘画。他写过诗、喜剧、讽刺性散文，当过进步刊物的编辑。克雷洛夫十分勤奋，一生写了200多篇寓言，他的作品生前就被译成10多种文字，他成为与伊索、拉·封丹齐名的寓言作家。普希金称他是当时“最富有人民性的诗人”。

狼和小羊

弱者在强者面前总是罪该万死：
这种例子在过去听到过多次，
这里我们不是想写历史，
只听听寓言如何来讲此类故事。

暑天，一只小羊到溪边饮水，
想不到一场悲剧由此拉开序幕：
原来附近有一只饿狼正在觅食，
它见到小羊，就要猛扑过去，
但转念一想，不行，总得找点口实，
使事情做得体面合理，

于是它厉声喊道："无耻的东西！
你怎敢用你肮脏的嘴脸
来搅浑我饮用的清泉？
就凭你这蛮横无理，
我就要拧掉你的脑袋！"
"尊敬的狼先生，
请容我辩解分明：
我在阁下百步之外的下游喝水，
请不要生那么大气，
我绝不会把您的饮用水搅浑。"
"这么说，是我说谎不成！
你这样蛮横无理，真是闻所未闻！
我还记得，前年夏天，也是在此地，
你对我大加冒犯出言不逊(xùn)，
朋友，这件事我至今还牢记在心！"
"饶了我吧，我出生还不到一年。"
"那么是你的兄弟。"
"我没有兄弟呀！"
"管它是干亲还是姻(yīn)亲，
反正是你亲族中的一名。

你们，猎狗，还有牧人，
全都包藏祸心，
只要有可能，就会要我的命，
这些罪孽(niè)，我要找你算清。”
“哎呀，我究竟有什么罪过啊？”
“住嘴！我不爱听，
我哪有工夫细论你的罪情！
你错就错在我想要把你吃进肚里。”
说罢，狼就把小羊拖进了阴森的树林。

（朱宪生　邱静娟　译）

农夫和蛇

蛇向农夫请求住进他家里，
劳动挣的面包才好吃，
因此，蛇不想白白居住，
它愿意给农夫当保姆看孩子。
蛇说：“我知道，
在你们人类中间，
蛇的名声不怎么好。
自古以来就有传闻，

说蛇不懂得报恩，
没有友谊亲情，
甚至说蛇类吞噬自己的孩子，
这种种说法也许不错，
但我可不是那样的蛇。
从小时候起我没咬过一个人，
对于邪恶，我十分痛恨，
假如我知道，
没有舌芯(xìn)子，蛇也能生存，
我情愿拔掉这根毒芯子！
一句话，我比其他蛇都善良，
我会爱护你的孩子，请你考虑！”
农夫听了回答说：
“即便你说的都是真话，
我也不能让你进我家。
假如我允许
出现这样的先例，
一条所谓的好蛇，
会引来一百条毒蛇，
我们就将葬送所有子女。

所以，亲爱的，
我和你绝不能住在一起。
照我看，
你住到谁家都不合适！”

父老乡亲们，你们可明白，
我说这些话的含意？……

（朱宪生　邱静娟　译）

阅读小贴士

读寓言，先要读懂故事的主要内容。像《狼和小羊》，讲了狼想吃小羊，于是寻找各种借口，被小羊一一辩解后，狼终于露出了狰狞的面孔，吃了小羊。

在了解了主要内容之后，要弄清寓言的寓意。《狼和小羊》这则寓言就告诉我们对待像狼那样的恶人，是没有道理可讲的。

弄清了寓意后，还要把寓言和人生结合起来。寓言中的主角（无论是动物还是植物，甚至是器物），都可能折射出生活中的某一类人。看到了他们的可笑之处，我们才能避免犯同样的错误。

我伴你读

活动一

阅读前制订阅读计划是很好的方法，每天按照计划坚持阅读，并根据阅读情况做好“自我评价”吧。

阅读时间	阅读篇目	明白的道理（选做）	自我评价
月　日			☆ ☆ ☆
月　日			☆ ☆ ☆
月　日			☆ ☆ ☆
月　日			☆ ☆ ☆
月　日			☆ ☆ ☆
月　日			☆ ☆ ☆
月　日			☆ ☆ ☆
月　日			☆ ☆ ☆
月　日			☆ ☆ ☆
月　日			☆ ☆ ☆
月　日			☆ ☆ ☆
月　日			☆ ☆ ☆
月　日			☆ ☆ ☆
月　日			☆ ☆ ☆

自我评价：
每天准时阅读：☆
完成阅读计划：☆☆
圈画批注摘录：☆☆☆

活动二

选择一个或几个你喜欢的主角，展开想象，画一画。

活动三

“猴子、山雀、毛驴、青蛙……”这些熟悉的小动物在克雷洛夫笔下生动有趣，小动物之间发生的故事还能让我们明白一些道理。请你也做一个小作者，选择你熟悉的一个或多个小动物，试着编一则寓言故事。可以写出来，也可以讲给同学听。

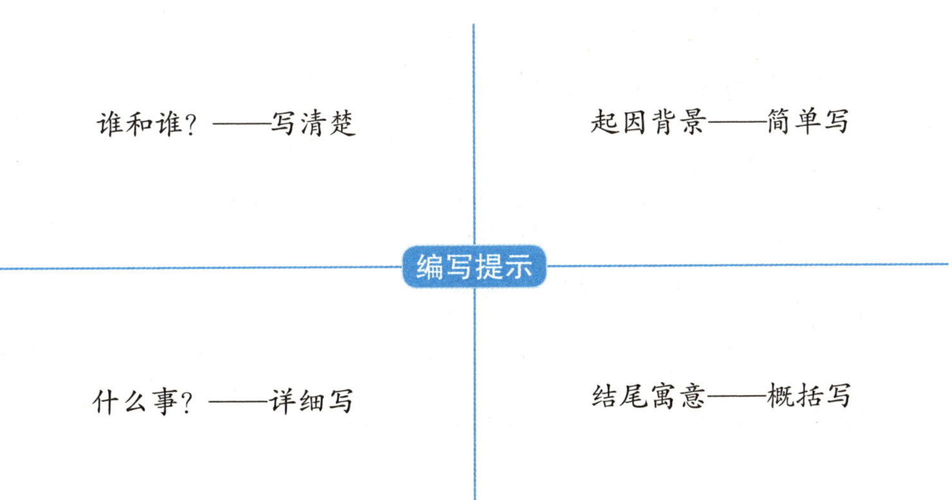

给自己创作的寓言故事做个评价吧！

评价标准	自我评价		
	很满意	满意	继续努力
故事的语言生动简洁			
把道理寄托在故事之中			
故事的内容是虚构的，情节简单，篇幅短小，寓意深刻，给人以启迪			
运用夸张和拟人等表现手法			
以人格化的动物、植物或其他事物作为主角			

注：很满意😊😊😊　　满意😊😊　　继续努力😊

敬启

为编好这本书，我们与收入本书的作品（含图片）作者进行了广泛联系，得到了各位作者的大力支持。在此，我们表示衷心的感谢。但是，由于个别作者地址不详，虽经多方努力，仍无法取得联系。敬请各位有著作权的作者尽快与我们联系，以便我们支付稿酬，并致谢忱！

我们还要感谢使用本书的师生们。希望你们在使用本书的过程中，能够及时把意见和建议反馈给我们，对此，我们深表谢意，并将给予一定奖励。让我们携起手来，共同完成本书的建设工作。

联 系 人：梁老师　刘老师

联系电话：010-58022100-6362

联系邮箱：ztxx2008@sina.com

网　　址：http://www.ywztxx.com

地　　址：北京市海淀区知春路7号致真大厦A座18层

图书在版编目（CIP）数据

多彩童年 / 崔峦主编. — 上海 : 上海教育出版社,
2021.12

ISBN 978-7-5720-0808-5

Ⅰ. ①多… Ⅱ. ①崔… Ⅲ. ①阅读课—小学—教学参
考资料 Ⅳ. ①G624.233

中国版本图书馆CIP数据核字（2021）第260856号

责任编辑　吴廷廷
封面设计　陈丽娟　王艺霖
著作权人　北京华樾教育科技有限公司

多彩童年

崔峦　主编

出版发行　上海教育出版社有限公司
官　　网　www.seph.com.cn
地　　址　上海市闵行区号景路159弄C座
邮　　编　201101
印　　刷　肥城新华印刷有限公司
开　　本　720×1010　1/16　印张 36
字　　数　400千字
版　　次　2021年12月第1版
印　　次　2021年12月第1次印刷
书　　号　ISBN 978-7-5720-0808-5/G · 0624
定　　价　168.00元（全四册）

如发现质量问题，请向本社调换　　021-64373213